한강 문학 기행

우리는 미래에서 온 독자였다.
마치 정답지를 손에 쥔 사람처럼,
작가의 첫 소설을 펼칠 때 이미 알고 있었다.
이 작가가 훗날 노벨문학상을 받으리라는 사실을.

―「한강과 함께한 일 년」에서

잇다 01

여수의 사랑

검은 사슴

그대의 차가운 손

채식주의자

바람이 분다, 가라

희랍어 시간

소년이 온다

흰

작별하지 않는다

정원선·김성민·오교희·홍현희·신영미
김원자·민윤경·강효진·장자순·류경림

한강 문학 기행

그음의시간

〈숲속 낭독회〉를 회상하며 한강 작가님께

작가님, 안녕하신지요.

노벨문학상 수상 소식에 세상이 환호하고, 수많은 미디어와 출판계가 움직이고 있지만 작가님은 여전히 화장기 없는 얼굴로 햇빛 한 조각 스며드는 창가에 앉아 책장을 넘기고, 차를 마시고, 단어를 솎아내면서 문장을 다듬고 계실 것 같아요.

『디 에센셜-한강』이 출간된 기념으로 열렸던 〈숲속 낭독회〉에서 작가님을 실제로 만났던 그날의 기억을 돌아보며 글을 씁니다. 차분하고 침착하신 작가님 앞에서 저의 마음은 얼마나 요동치고 흔들렸던지, 또 얼마나 수많은 생각들이 머릿속을 오갔던지요. 굳고 단단한 작가님 앞에서 저는 얼마나 연약한 존재였던지요.

작가님을 처음 알게 된 것은 『채식주의자』가 부커 인터내셔널상[01]을 수상하며 세간의 주목을 받았을 때였습니다. 이번에 '한강 읽기'를 하며 작가님의 첫 작품집 『여수의 사랑』이 출간되었을 때부터 꾸준히 읽어왔다는 책벗들의 이야기를 들었을 때 얼마나 질투가 나던지요. 『여수의 사랑』에 담긴 풍부한 비유들, 슬픔을 안고 있는 여러 인물이 너무나 매력적이어서 홀딱 반해버렸거든요. 한참이나 늦게 작가님을 알게 되었다는 사실이 억울하기까지 했습니다.

하지만 억울하다고 하기엔 부끄럽기도 한 것이, 2016년 『채식주의자』를 처음 접했을 당시의 저는 문학적 깊이가 얕았던 것 같습니다. 그래서 그 작품의 진가를 온전히 알아보지

---

01. 영국의 권위 있는 문학상으로, 영어로 쓰인 최고의 소설에 수여되는 부커상(Booker Prize, 1969~)이 있다. 따로 부커 인터내셔널상(Booker International Prize)을 신설한 것은 세계문학을 영어권 독자에게 알리기 위해서이다. 2016년 영어 번역본을 대상으로, 번역 문학의 가치를 조명하고 번역가의 공로를 함께 인정하기 위해 원작 작가와 번역가가 공동으로 수상하도록 방침을 바꾼 뒤, 『채식주의자』의 작가 한강과 번역가 데보라 스미스(Deborah Smith)가 첫 수혜자가 되었다. 그 당시 후원사인 맨 그룹의 이름을 따 맨부커상으로 불렸으나, 후원이 종료된 이후 다시 본래 이름인' 부커상으로 돌아왔다.

못한 채 지나쳐버렸지요. 그 책이 품고 있던 고통, 침묵, 윤리, 폭력에 대한 질문들을 그때는 잘 깨닫지 못했지요.

그러던 중 제 가슴을 파고든 작품이 있었으니, 바로 『소년이 온다』였습니다. 6장 「꽃 핀 쪽으로」에서 동호 엄마의 이야기를 읽으며 눈이 빨개질 정도로 엉엉 울면서 책을 읽긴 했지만 이때에도 그저 "슬픈 역사에 대한 눈물 나는 이야기, 감동적인 책" 정도로만 이해하지 않았나 싶습니다. 소설 안에 담겨 있는 인간에 대한 작가님의 깊은 의문, 국가 권력에 의해 죽어간 이들을 향한 애도, 윤리에 대한 치열한 고민까지는 도달하지 못했던 것 같습니다.

그렇게 시간이 흐르다 2019년, 책 읽어주는 라디오 방송에서 우연히 들은 『노랑무늬영원』의 문장들이 다시 저의 마음에 스며들어 작가님을 떠올리게 했습니다.

여러 질병으로 인한 수술, 시술, 입원 등을 경험하고 있던 그 당시의 제게 힘을 주는 문장이었습니다. '이렇게 아름다운 소설도 쓰시는구나.'라고 감탄하며 작가님의 단편집을 찾아 읽으면서 이겨낼 수 없을 만큼의 좌절과 절망 속에서도 싹틀 수 있는 희망이 있다는 작가님의 메시지를 감격이라는 이름으로 가슴에 새기게 되었습니다.

그리고 결정적인 전환점은 2021년 10월, 제 손에 들어온 『작별하지 않는다』였습니다. 그 작품을 읽은 이후, 저에게 한강 작가님은 더 이상 단순히 '좋은 소설가'라는 말로는 표현할 수 없는, 완전히 다른 차원의 존재로 자리하게 되었습니다.

사실 〈숲속 낭독회〉 소식을 듣자마자 망설임 없이 신청 버튼을 누른 데에는 단 하나의 이유가 있었습니다. 『작별하지 않는다』를 읽는 동안, 껍데기를 벗은 달팽이가 맨몸으로 날 선 칼날 위를 기어가는 듯한 느낌이 저의 온몸을 휘감는 듯 했고, 아릿하고 끙끙 앓게 되는 그 고통은 독자인 저조차도 감당하기 어려울 만큼 깊고도 오래 지속되었습니다. 그렇다면 이 소설을 써낸 작가님은 도대체 얼마나 아프셨을까! 얼마나 고통스러우셨을까! 그 마음이 자꾸만 떠올라 견딜 수 없었습니다. 그래서 직접 뵙고, 작가님이 정말 괜찮으신지 제 눈으로 확인하고 싶었습니다.

원래 북토크, 〈숲속 낭독회〉가 예정되어 있었던 그날, 우천으로 인해 행사가 일주일 연기되지 않았더라면, 저는 작가님을 만나지 못했을지도 모릅니다. 왜냐하면 그날 저는 심한 몸살로 몸져누워 있었거든요. 지금 생각해도 아찔합니다. 마치 하늘이 저를 위해 일주일이라는 시간을 미루어준 것만 같았습니다. 그렇게 일주일 뒤인 6월 25일, 저의 긴 여정이 시작되었습니다.

고요한 새벽, 낭독회를 향한 첫걸음은 택시를 타고 공항 리무진이 정차하는 곳으로 향하는 일이었습니다. 새벽 리무진 자리는 제한적이었고, 탑승을 기다리는 사람들은 이미 많았습니다. 가까스로 리무진에 올라 공항에 도착했고, 긴 수속을 거쳐 비행기에 몸을 실은 뒤 낯선 도시의 하늘을 지나 도착한 곳에서는 다시 지하철을 갈아타고, 버스를 타고, 한참 언덕을 올라 북토크 장소, 데시멀에 도착하게 되었지요.

『작별하지 않는다』에서 경하가 눈보라를 뚫고 인선의 집을 향하던 장면이 떠올랐습니다. 저 또한 무언가를 헤치며, 스스로에게도 큰 의미를 지닌 장소로 나아가고 있다는 기분이 들었습니다. 마치 한 세계에서 다른 세계로, 나의 일상에서 문학이라는 또 다른 세계로 건너가는 여정 같았어요. 그리고 그 여정의 마지막, 마침내 저는 작가님을 마주했습니다. 경하가 결국 인선을 만났듯, 저도 끝내 작가님을 만난 것입니다!

북토크 신청 당시, 저는 작가님께 드리고 싶은 질문을 미리 적어 보냈습니다. 작가님께서 그 질문지에 직접 답해주시는 시간이 마련되어 있다는 걸 알게 되었을 때, 막연히 설레는 마음도 있었지만, 무엇보다 간절한 바람이 있었습니다. 작품을 읽는 내내 마음에 맺혀 있던 그 걱정, '작가님은 정말 괜찮으신 걸까?'라는 질문에 대한 대답을 듣고 싶었던 거지요.

마침내, 작가님의 목소리로 직접 그 답을 들을 수 있었습니다.
"괜찮다. 한동안은 힘들었지만, 이제는 괜찮다."
그 말을 듣는 순간, 저도 모르게 길고 깊은 한숨을 내쉬며 안도했습니다.
'아, 다행이다. 정말 다행이다!'
마음 깊은 곳에서부터 조용히 내려앉는 듯한 평온이 느껴졌습니다. 그제야 긴장이 풀렸고, 낯선 도시에서 피곤했던 몸과 마음도 스르르 풀려나가는 것 같았습니다.

작가님과의 만남은 조용하면서도 깊었습니다. 작가님 작품을 오랫동안 읽어오고 작가님을 이해하는 팬들은 어느 순간 그 작가를 닮아가는 걸까요? 그날 현장에 함께한 독자들 역시 다들 고요하고 차분해서 다른 북토크와는 사뭇 다른 분위기였습니다. 누구 하나 사인을 요청하거나 사진을 찍자고 나서는 이도 없이, 그저 눈처럼 마음에 소복소복 쌓여가던 작가님의 단어들을 조용히 받아 안고 있었습니다. 그 풀밭 위의 독자들 속에서, 나도 한강이라는 작가를 닮은 사람 중 하나라는 최면에 취해, 더없이 깊고 인상적인 시간을 만끽할 수 있었습니다.

작가님이 살아오며 감당하여 오신 슬픔, 그 슬픔을 견디며 언어로 길어 올린 문장들, 그 모든 것들이 그날, 그 자리에 실체를 가지고 제 앞에 있다는 사실이 참으로 감동적이었습니다. 단정하고 깊은 인상을 주던 얼굴, 조용하면서도 예상보다 경쾌했던 목소리의 작가님을 보며 겉을 꾸미기보다는 마음을 다듬는 일이 더 중요하다는 것을, 그날의 〈숲속 낭독회〉는 다시 한번 제게 확인시켜 주었습니다.

요즘 소설을 읽다 보면, 어느새 작가님의 작품과 연결 짓는 것이 버릇이 아닌 버릇이 되어버렸습니다. 최근에 읽은 J. M. 쿳시의 『마이클 K의 삶과 시대』에서 거의 말을 하지 않고, 스스로 먹기를 거부하며, 체제와 인간관계로부터 점점 멀어져 가는 마이클 K를 보면서 자연스럽게 『채식주의자』의 영혜, 『검은 사슴』의 의선, 그리고 『희랍어 시간』의 그녀와 그 남자를 떠올렸습니다. 그들은 모두 언어와 감각이 사라진 자리에서, 존재의 본질을 고요히 응시하는 인물들이었기 때문입니다.

J. M. 쿳시의 다른 작품들 『철의 시대』, 『야만인을 기다리며』, 『추락』 등을 읽으면서도 아파르트헤이트apartheid라는 억압적인 체제 안에서 백인으로 살아가며, 자신이 속한 사회의 불의에 대해 깊은 죄책감을 안고 작품을 써 내려가는 쿳시의 모습이 5·18민주화운동 당시 사진을 보고 받았던 상처를 비껴가지 않고 정면으로 대하려고 애쓰던 작가님을 생각하게 하였습니다.

시그리드 누네즈의 『친구』나 『그해 봄의 불확실성』을 읽으면서 저는 『바람이 분다, 가라』를 생각합니다. 친구인 죽은 인주를 그리워하고 타인의 부재를 감당하며 살아가는, 더 나아가 극복하고자 몸부림치던 정희가 겹쳐져 보였기 때문입니다.

나쓰메 소세키의 『풀베개』를 읽을 때도 마찬가지였습니다. 시와 같은 소설, 커다란 사건 없이 흘러가는 이야기 속에서, 누구도 감정을 쏟아내지 않은 채 멀찍이서 자연을 바라보는 분위기가 어쩐지 『바람이 분다, 가라』나 『희랍어 시간』을 떠올리게 했습니다. 예술에 대해 조용히 질문을 던진다는 점에서는 『그대의 차가운 손』이 자연스레 연상되기도 했지요. 너무 가까이 있으면 오히려 보이지 않는, 사라지는 존재처럼 느껴지기도 하는 예술에 대한 생각이 묘하게 통하는 면이 있어 보입니다. 『그대의 차가운 손』에서 정성스럽게 만들었던 손 조각들을 부수는 주인공의 행위는 어쩌면 어떤 본질에 대한 공허감으로 느껴집니다. 조각은 아름다웠을지 몰라도 그 안에 삶은 없었다는 것이 『풀베개』에서 말하는 비인정의 의미와 연결이 되었다고나 할까요. 예술과 삶 사이의 경계를 서성이는 사유는 늘 작가님의 문장 속에 살아 숨 쉬고 있었습니다.

문장을 따라가다 보면, 어느 순간 그 끝에 영혜가 서 있고, 의선이 숨 쉬며, L의 조각상들이 산산이 부서지고, 인선이 촛불을 들고 서 있기도 합니다. 전혀 다른 세계에서 펼쳐진 이야기들조차, 어느새 작가님의 우주 안에서 다시 배치되고, 정돈되는 듯한 기분이 듭니다. 마치 한강이라는 블랙홀에 빠져든 듯. 이런 현상이 시작된 건, 아마도 〈숲속 낭독회〉에서의 만남 이후부터였는지도 모르겠습니다. 읽는다는 것은 세계를 확장하는 일이라고들 하지만, 저에겐 때때로 그 반대처럼 느껴지기도 합니다. 멀리 떠났다가 돌아와, 결국은 다시 한강이라는 강가에 앉게 되는 일.

〈숲속 낭독회〉가 열린 그 시각, 바람은 조용히 풀잎을 쓰다듬고, 나비는 가만히 공중에 맴돌며 작가님의 낭독을 따라 움직이는 듯했습니다.(작가님! 그날 그 풀잎 위에 날아다니던 나비는 기억하시겠지요!) 작가님의 목소리가 들려옵니다.

시력을 잃어가는 남자와 말을 잃어버린 여자의 슬픈 이야기라고 생각했던 『희랍어 시간』에서 작가님이 낭독해 주신 부분은 너무도 희망적이고 미래를 긍정하는 구절이어서, 저도 모르게 미소 짓고 말았습니다. 그 순간 저는 깨달았습니다. 작가님이 이 작품을 통해 말하려는 것은 단지 말하지 못하고, 보지 못하는 이들의 고통이 아니라, 말하지 않아도, 보지 못해도 우리는 인간으로서 서로 소통하고 사랑할 수 있다는 믿음이라는 것을요. 그 믿음이 조용히 제 안에서 피어올랐습니다.

이어지는 「아버지가 지금, 책상 앞에 앉아 계신다」[02]의 한 구절을 읊어주시던 작가님의 목소리는 마치 나뭇잎 사이로 스며드는 햇빛처럼 자연과 섞여 아름답게 울렸지요. 같은 책이라도 어디에서 어떤 방식으로 읽는지, 어떤 분위기 속에서 접하는지에 따라 그 감흥이 이렇게 크게 달라질 수 있을까요? 이토록 단정한 음성으로, 이토록 조용한 언어로, 사람의 마음을 파동처럼 흔드는 분이 있다는 사실에, 마음이 벅차올랐습니다. 한 사람의 독자로서 그 자리에 함께 있었던 것이 기적처럼 느껴졌습니다. 문장 속에서만 만나던 작가님을, 아프고 힘들게 지내시지는 않을까 걱정되던 작가님의 유쾌한 웃음을, 바람과 나비와 함께 같은 잔디 위에서 만날 수 있었으니까요. 그 숲속의 오후는 지금도 제 마음 안에 인상 깊게 남아 있습니다.

언덕길을 걸어 내려와 버스를 타고, 지하철을 갈아타고, 다시 비행기로 김해공항에 도착한 후 또다시 리무진을 타고

---

02. 「아버지가 지금, 책상 앞에 앉아 계신다」, 『디 에센셜-한강』, 303쪽(문학동네, 2023)

남산터미널에 도착하여 택시를 타고 집으로 되돌아오는 길. 이 시간이 제가 새롭게 문학에 다가가고 문학을 좀 더 본격적으로 접해보고자 하는 작은 불씨를 가슴에 품을 수 있게 했습니다. 실제로 그 북토크 이후, 신의 계시를 받은 듯 지금의 책벗들과 함께하는 독서 모임에 가입하게 되었고 결국 이번 '한강 읽기'를 하며 작가님의 작품을 더욱 깊이 이해하는 시간을 가지게 되었지요.

작가님께서 제 책에 적어주셨던 인사말.
그 문장을 저는 오래도록 마음에 품고 살아왔습니다. 이제는 그 말을, 고스란히 작가님께 되돌려드리고 싶습니다.

"강건하시길 빕니다. (꼬옥!)"

2025년 어느 가을,
노벨문학상 1주년의 기쁨을 마음에 새기며,
써니

정원선
낮에는 수학을 가르치고 밤에는 책을 읽으며 살고 있다. 문학이 주는 전율과 희열, 그리고 불편함마저 사랑하는 평범한 독자이다.

목차

00
드리는 편지

006 **정원선** 〈숲속 낭독회〉를 회상하며 한강 작가님께

01
들어서며

023 **김성민** 한강과 함께한 일 년

02
『여수의 사랑』

034 **오교희** 작품 소개_한강의 첫 마음
038 **오교희** 작품 리뷰_나는 다시 여수에 갈 것이다
047 **오교희** 작품 리뷰_가지 못한 소풍
052 여수, 한강이 다녀간 길

03
『검은 사슴』

060 **김성민** 작품 소개_젊은 마이스터의 탄생
065 **홍현희** 작품 리뷰_우리는 무엇을 지켜내고 무엇을 잃었는가
078 **김성민** 작품 리뷰_제주 바다
084 검은 사슴, 그 후에 걷는 길
088 제주 송악산 둘레길

04
『그대의 차가운 손』

094 **신영미** 작품 소개_가면과 진실
098 **신영미** 작품 리뷰_삶이라는 무도회에서
108 그대의 차가운 손, 현대 조각 앞에서

05
『채식주의자』

114 **김원자** 작품 소개_폭력과 아름다움 사이에서
118 **김원자** 작품 리뷰_제4의 시선
124 제주 비자림 숲에서 『채식주의자』의 영혜처럼 나무 되기

06
『바람이 분다, 가라』

130 **민윤경** 작품 소개_죽음을 응시하며 묻는 삶의 의미

134 **민윤경** 작품 리뷰_바람이 분다, 그 길로_미시령으로 가는 길

144 **김성민** 작품 리뷰_마크 로스코와 한강

150 미시령 옛길

152 수유리와 한강

07
『희랍어 시간』

158 **강효진** 작품 소개_연약한 존재의 아름다움

161 **강효진** 작품 리뷰_화계사에 비가 내리면

170 희랍어 시간, 화계사

08
『소년이 온다』

176 **장자순** 작품 소개_한강을 뛰어넘었다는 한강의 소설

180 **장자순** 작품 리뷰_오늘도 버스는 달린다

190 **류경림** 작품 리뷰_전역을 했다

200 소년과 작가의 길, 518버스

09
『흰』

208 **김원자** 작품 소개_당신에게 흰 것을 줄게
211 **김원자** 작품 리뷰_나의 흰 것들
214 **김원자** 작품 리뷰_백목련이 있는 언덕에서
217 **김원자** 작품 리뷰_얼굴을 감싸주었던 흰 새처럼
222 원대리 자작나무 숲
224 연세대학교 신촌 캠퍼스와 한강
226 '책방오늘'과 한강

10
『작별하지 않는다』

232 **김성민** 작품 소개_한강 소설을 이끌어가는 질문
236 **김성민** 작품 리뷰_잠들지 못하는 영혼을 위한 노래
246 제주4·3평화공원

11
나가며

250 **오교희** 우리들의 정원

254 한강 작가 연보

| 일러두기 |

단행본 제목은 『 』, 단편 개별 제목은 「 」, 전시회명은 《 》, 그림과 기사 등의 제목은 〈 〉로 표시했음.

한강과 함께한 일 년

2024년 10월 10일 저녁 8시, 스웨덴 한림원에서 노벨문학상 수상자를 발표했다. '한캉^{HanKang}' 낯선 발음의 이름이 울려 퍼지는 순간, 귀를 의심했다. 분명히 들었는데 실감이 나지 않았다. 막연히 기다려왔지만, 뜻밖의 시점에서 선물을 받을 때처럼 잠시 머뭇거렸다. 뉴스를 확인하면서 또렷해지기 시작했다. 소설가 한강, 한국 최초, 아시아 여성 최초 노벨문학상 수상. 오랫동안 다른 나라 작가들의 이름을 지켜보며 '언젠가는' 하고 바랐던 순간이 실제로 찾아온 것이다. 세계가 지켜보는 자리에서 한국어가 불리고, 새 역사가 시작되는 순간이었다. 한 박자 늦게 환호가 터져 나왔다. 이런 날도 오는구나!

작품을 원어로 읽을 수 있다는 것. 노벨문학상 수상자 보유국의 독자에게 허락된 선물이었다. 처음 누려보는 경험에 전율이 일었다. 번역될 작품들을 기다릴 필요도, 번역 이전의 원문을 궁금해할 필요도 없다. 작가의 문장에 깃든 고유한 결을 고스란히 느끼면 되는 것이다. 노벨위원회는 한강을 "역사적 트라우마에 맞서고 인간의 삶의 연약함을 폭로하는 강렬한 시적 산문"의 작가라고 평했다. 중요한 것은 주제 못지않은 형식이다. 시적 산문에 담긴 호흡과 은유와 상징, 문장의 온도를 투명하게 감각할 수 있다는 것. 그것이야말로 수상국 독자가 누릴 수 있는 큰 기쁨이었다.

어떤 분들은 노벨문학상의 유럽 중심주의나 공정성에 대해 의문을 품기도 하지만, 그 권위와 후광을 부정할 수는 없다. 수상과 동시에 작품은 세계 각국의 여러 언어로 번역되고 독자의 범위는 단숨에 넓어진다. 노벨문학상은 곧 세계문학으로 가는 통로이자 지표다. 그 작품을 읽는 계기가 넉넉히 마련되는 것이다. 그렇게 우리는 폴란드 시인 쉼보르스

카, 탄자니아 작가 압둘라자크 구르나의 작품을 읽게 되었다. 낯선 이름이 익숙해지고, 멀리 있던 세계가 가까워졌다. 이제 그 길 위에 한강의 이름이 놓인다. 외국 서점 진열대에서 한강의 작품이 베스트셀러가 되고 한국문학을 찾는 손길이 이어진다. 이러한 경사에 동참하는 마음으로 한강의 작품을 첫 소설집부터 읽는 여정을 시작했다.

2025년 1월, 함께 책을 읽어온 분들과 '한강 읽기' 모임을 진행했다. 모임을 열면서 나눈 "내가 읽은 한강의 첫 작품은?"이라는 질문에 예상대로 부커 인터내셔널상 수상작 『채식주의자』가 가장 많았다. 그다음은 『소년이 온다』였다. '한강 읽기' 모임의 의미를 대표작뿐 아니라 작가의 첫 작품부터 출간 순서대로 읽는다는 것에 두었다. '한강 읽기'는 1994년 등단작 「붉은 닻」에서 2024년 노벨문학상 수상까지, 한 작가가 30년 동안 걸어온 궤적을 따라가는 길이었다.

우리는 미래에서 온 독자였다. 마치 정답지를 손에 쥔 사람처럼, 작가의 첫 소설을 펼칠 때 이미 알고 있었다. 이 작가가 훗날 노벨문학상을 받으리라는 사실을. 노벨문학상 강연 〈빛과 실〉은 그 독서의 안내서였다. 한강은 작가 인생 30년을 돌아보며, 각 작품이 어떤 배경과 심정 속에서 쓰였는지 직접 밝힌다. 작품을 거슬러 올라가며 읽는 체험은 미래의 장면을 초기작에서 미리 발견하는 즐거움도 포함한다. 가령, 『채식주의자』의 영혜를 『여수의 사랑』의 자혼이나 『검은 사슴』의 의선에게서 발견하는 일. 죽은 자와 산 자의 시선, 눈과 새, 꿈 같은 모티프가 반복될수록 처음에 낯설게 다가왔던 한강의 세계에 익숙해지고, 고유하고도 일관된 흐름을 발견하게 된다.

한강 작가에게 장편소설을 쓰는 것은 자신의 삶과 맞바꾸는 것이라고 한다. 생명과 맞바꿀 결심을 할 만큼 중요하고 절실한 질문들 속에 머물며 삶을 헐어서 쓴다. 그러므로 소설을 읽는 동안 독자는 자연히 작품 속에 투영된 한강 작가를 만난다. '한강 읽기'는 한강 작품 읽기이지만 동시에 작가를 읽는 것이기도 하다. 작가의 삶을 알 때 작품을 더 잘 이해할 수 있다. 작품을 시간순으로 읽는다는 것은 작가가 시간에 따라 어떻게 변모하여 지금에 이르렀는지 그 과정을 목격하고 작가의 문제의식을 따라가는 여정이다. 독자에게는 작품 속에 머물며 작가가 만든 세계를 깊이 만나는 체험이었다. 한강의 한결같은 치열함을 경험하는 시간이었다.

2025년 4월, '한강 읽기'의 마지막 작품 『작별하지 않는다』를 마치고 제주로 문학 기행을 떠났다. 함께 읽어온 모임이 어느덧 4년 차, 그러나 문학 기행은 처음이었다. 읽기의 확장이었다. 소설의 현장을 직접 방문하며 풍경을 눈에 담고, 문장을 더 밀도 있게 새기는 시간이었다. 혼자였다면 결코 가능하지 않았을 것이다. 그 길을 함께해 준 이들의 문학과 사람을 향한 애정과 너그러움 덕분이다. 우리는 어디까지 나아갈 수 있을까. 함께라면 내가 예상하지 못한 그곳에 닿을지도 모른다. 그리고 그 길이 삶을 조금 더 나은 방향으로 이끈다면, 그것이 곧 함께 읽기의 의미일 것이다.

출판사 〈구름의시간〉 기획으로, 2025년 여름 개별적인 문학 기행이 이어졌다. 열 명의 저자가 참여해 한강 작품에 나오는 장소들을 직접 찾아가는 여정이었다. 문학 기행은 깊이 읽기이자 확장된 읽기였다. 중심 배경으로 등장하는 곳만이 아니라, 주변부의 배경이라도 내가 닿을 수 있고 나의 이야기를 꺼낼 수 있는 곳이라면 어디든 의미가 있었다. 그렇게 장소는 『여수의 사랑』의 여수와 소제마을, 돌산대교로, 『검은 사슴』의 강원도 산간으로, 『바람이 분다, 가라』의 미시령 옛길로, 『희랍어 시간』의 화계사로, 『소년이 온다』의 광주로,

『작별하지 않는다』의 제주로 향했다. 또 미술 전시회에서『그대의 차가운 손』을, 자작나무 숲에서『흰』을, 작가의 흔적을 찾을 수 있는 수유리 옛집과 '책방오늘'로도 이어졌다.

작가에게 보내는 애정 어린 편지를 시작으로, 열 명의 저자가 걷고 보고 경험한 이야기가『한강 문학 기행』이라는 이름으로 모였다. 이 책은 한강의 작품에 대한 해석인 동시에, 그 문학이 촉발한 열 명의 내밀한 이야기가 담긴 책이다. 각자의 경험이자 변화의 기록이다. 삶의 단계를 어떻게 끌어올리고 앞으로 나아갔는지에 대해 말한다. 이야기 속에 머물러 있을 때 더 깊고 멀리 볼 수 있는 힘, 변화를 이끄는 힘을 발견한다.

몸을 움직여 그곳으로 갈 때, 그곳은 한강 소설의 장소이기도 하지만 동시에 나만의 이야기가 깃든 장소가 된다. 소설에서 출발했지만 결국 나의 이야기를 발견하고, 묻어두었던 기억을 다시 들여다보게 된다. 과거와 화해하는 시간, 그리고 조금은 달라진 내가 거기 있다. 익숙하게 알던 장소를 새로운 시선으로 바라볼 때, 장소는 더 이상 예전의 의미에서 머물지 않는다. 나만의 고유한 시선과 사유를 발견하고 경험하는 것. 그것이야말로 문학이 주는 위로, 장소가 주는 위로 아닐까.

동시대를 살고 있는 한강의 작품 목록은 앞으로 더 늘어날 것이다. 그의 문학은 현재 진행형이다. 작가의 작품을 조금 더 가까이 만나고 소설 속 장소를 찾아갈 수 있는 방법이 여기 있다. 반드시 물리적인 장소에 한정되지 않는다. 한강의 소설을 통해 나를 재해석하고 변화시킬 때, 그리하여 시간과 공간이 새로운 의미를 얻는다면, 한강이 곧 장소다.

『한강 문학 기행』은 한강의 노벨문학상 수상을 기념하며 소설 속 장소를 따라 걸은 여정의 기록이다. 작품 소개, 작품에 대한 새로운 인식과 저자의 이야기 그리고 감각적인 여행 로드를 제시하며 독자를 이끈다. 밋밋했던 장소가 이야기를 입을 때 의미 있게 되듯, 이 책은 읽기를 확장하고 장소를 깊이 경험할 수 있는 또 하나의 방법이다. 이 책을 읽다 보면 한강의 책을 다시 읽고 싶어지거나, 훌쩍 떠나고 싶어질지도 모른다. 그 길에 이 책이 동행할 수 있다면 더할 나위 없는 기쁨일 것이다.

김성민
'한강 읽기' 모임을 이끌며 기쁨과 보람을 나누었다. 잘 읽고 싶어서 함께 읽는다. 『아름답고 쓸모없는 독서』, 『고독은 연결된다』를 썼다.

『여수의 사랑』

작품 소개

한강의 첫 마음

어떤 작가에게도 첫 작품은 있고 첫 작품에는 작가의 연원이 가장 잘 드러날 거라고 생각한다. 소설가 한강이 스물다섯에 발표한 첫 소설집 『여수의 사랑』에는 표제작을 비롯해 「어둠의 사육제」 「야간열차」 「질주」 「진달래 능선」 「붉은 닻」(1994년 서울신문 신춘문예 당선작) 6편의 단편이 실려 있다(2018년 개정판에서는 「저녁 빛」이 빠졌다). 1990년대 문단이 공지영·신경숙·은희경 등 여성 작가들의 현실 담론, 김영하 등 신세대 작가들의 감각적 문체로 요약될 때, 한강은 특정 흐름에 편입되지 않고 고유한 길을 걸었다.

소설에 등장하는 이들이 부여잡고 있는 고통은 다 제각각이다. 나의 의지와 상관없이 본디 그렇게 태어난 사람이 버티는 방식이거나, 예고 없이 닥친 불행 앞에서 무너지는 방식이거나, 가족이라는 운명 공동체로서 아픔을 짊어지고 가는 방식이거나…. 이들은 모두 비켜 간 불행에 안도하지 않았으며, 불행이 나의 것이 되지 않았으므로 오히려 견딜 수 없었다. 그런 점에서 한강과 소설 속 인물들은 닮았다. 이들은 슬픔의 공동체였으며 모두 이어져 있었다.

정선은 분신과도 같은 자혼을 만난 이후 직면할 수 없을 것 같았던 가족 상실의 공간 여수로 향한다. 삶의 바탕은 고통이지만 그럼에도 불구하고 누군가에 기대 살아가는 거라고, 「여수의 사랑」의 정선은 자혼에 기대, 「어둠의 사육제」의 영진은 명환에 기대, 「야간열차」의 영현은 동걸에 기대 살아갈 수 있을 거라고, 비록 삶과 화해하는 것이 요원하다고 하더라도 그 길만이 희망이라고, 스물다섯의 작가는 우리에게 나직한 음성으로 그러나 꾹꾹 눌러서 말하고 있다.

바다에서 시작된 이야기는 바다에서 끝이 난다. 소설 첫 페이지 여수만에서 뗀 발걸음은 파도가 치지 않는 서쪽 바다,

덕적군도가 보이는 따뜻한 해안가에서 멈춘다. 「여수의 사랑」의 정선이 도착한 바다에, 「야간열차」의 동걸과 영현이 기차를 타고 출발하고, 「붉은 닻」의 동식, 동영 형제는 바다를 향해 함께 걸어간다. 생명이 시작된 바다, 그곳으로 우리는 결국 돌아간다. 우리는 결국 죽음에 기대 삶을 지탱하고 있다. 어둠 가운데에 있어야 발견하는 빛처럼, 죽음을 염두에 둘 때 찾을 수 있는 삶의 가치가 있을 것이다. 어쩌면 우리는 깊은 슬픔을 통해 구원받을 수 있고 정화될 수 있지 않을까, 「여수의 사랑」을 읽으며 그런 희망을 품을 수 있었다.

책에 실린 단편들은 특정 시대를 상정하고 있지 않다는 공통점이 있다. 이십 대의 한강은 '삶은 무엇인가, 우리는 어디로부터 와서 어디로 가는가'라는 근원적인 물음에 천착하고 그에 대한 탐구의 여정에서 이 소설들을 썼던 것 같다. 그렇게 개별적 삶의 고통 문제를 처절하게 다루었기에, 한국 현대사의 집단적 트라우마를 쓸 수 있지 않았을까, 아니 쓰지 않으면 안 되었을 것이다. 한강의 장편을 먼저 읽고 시간을 거슬러 첫 소설집을 읽고 나니 그 깊은 울림의 연원이 어디에서 비롯되었을까 자꾸만 되묻게 된다.

개정판에서 강계숙 평론가는 이 소설에 등장하는 인물과 이들이 겪고 있는 상실과 고통이 동시대적이라고 설파한다. 소설가 기형도를 소환한 해설에서 다른 어떤 소설가보다 동시대, 동세대의 심성에 공명하고 있다고 하며 한강을 '소설가 기형도'라 명명하였다. 시로 등단해서 소설을 썼지만, 한강은 시에서 소설로 옮겨간 것이 아니라 시를 소설 속으로 데려온 듯하다. 노벨위원회가 한강의 소설을 '강렬한 시적 산문'이라고 평가하는 것도 깊은 주제를 감각적으로, 시처럼 섬세하게 풀어내기 때문일 것이다. ❥

—오교희

나는 다시 여수에 갈 것이다

두 번 읽었다. 마치 슬픔이라는 의식에 참여하듯 책의 목차에 날짜를 적어놓고 하루에 한 편씩 매일 밤 치성을 드리듯 읽었고, 며칠 지나 노트에 문장을 필사하며 한 번 더 읽었다. 소설에 등장하는 인생은 허구이고 그저 상상의 세계일 뿐이라고 치부해 버릴 수도 있다. 그런데 그게 잘 되지 않을 때가 있다. 잠을 자다가 깨 눈시울을 적시기도 했고, 인물의 경험을 공유하는 듯 아프기도 했다. 문학을 읽는 시간의 의미는, 타인의 고통을 나의 고통으로 치환해 경험하지 않은 경험을 나의 것으로 만드는 데 있지 않을까. 나는 문학을 읽으며 좀 더 나은 사람이 되어가고 있음을 종종 느끼곤 한다. 여전히 뾰족하고 가끔은 정제되지 않은 언어로 누군가를 아프게 할 때도 있지만, 문학을 읽으며 깊은 슬픔으로 침잠할 때, 나는 나를 다독거려 주고 싶다.

여수에 가지 않을 수 없었다. 여수에 도착해 처음 간 곳은 만성리 해수욕장이었다. 정선과 자흔을 만나러 가는 길, 오래전 내가 부르는 목소리를 외면할 수 없어 소설에 나오지 않는 만성리로 향했다. 사실 만성리의 기억은 춥고 어둡다. 버스를 타고 종점에서 내렸을 때 겨울바람이 등을 밀었고 허름한 천막이 늘어선 바다는 적막했다. 한강 작가가 이 소설을 발표할 즈음에, 나는 왜 혼자 만성리까지 갔을까. 어쩌면 마음에 그려진 우울 지도를 따라간 길이었는지도 모르겠다. 만성리의 모래는 검으니까….

작가와 동시대를 살았던 나는 이십 대에 종교와 철학 사이를 오가며 우울의 늪에서 벗어나기 위한 줄다리기를 하고 있었다. 그냥 우울해야 했고 우울하지 않은 시간은 불편해서 다시 우울로 돌아가 비로소 편안함을 느끼곤 했다. 삶 전반에 걸쳐 반항기가 많았던 장발의 남자 친구를 만나 불확실한 미래를 이야기했고, 그 친구와 결혼한 뒤 첫아이를 낳고 나서도 도무지 우울로부터 달아날 수 없었다. 그로부터 30년 가까운 세월이 흐르고, 늦은 오후 만성리 바다에 도착해 검은 모래와 자갈이 섞인 바닥에 질펀하게 앉았다. 만성리의 궁륭에 안겨 편안했다. 오래된 여수에서 오래된 나를 만났다. 새로운 여수가 오고 있었다.

정선의 아버지는 아내가 죽은 뒤 두 딸과 동반 자살을 시도했다. 아버지와 동생 미선은 바다에 빠져 죽었고, 정선은 살아남았다. 일곱 살에 고향 여수를 떠난 뒤 정선은 단 한 번도 그곳에 가지 않았다. 그런 정선이 지금 여수로 향하고 있다. 자취방의 동숙생 자흔, 외롭고 지친 기색이 역력했지만 무구하게 웃었던 자흔, 그 자흔이 떠난 것이다. 여수에 가기 위해 휴가를 낸 첫날 정선은 토악질이 심해 첫 기차를 타지 못하고 병원에 가야 했다. 여수에 가겠다고 작정했지만 정선은 도망치고 싶었고 혼란스러웠다.

정선에게 여수는 상처뿐인 고향이고, 자흔에게 여수는 고향일 거라고 확신하는 곳이다. 여수발 열차에서 강보에 싸인 채 발견된 자흔은 고향이 어느 곳인지 알 수 없었으므로 어느 곳이나 고향이 될 수 있었다. 정선에게 여수는 끔찍한 곳이었지만, 자흔에게 여수는 가고 싶은 곳, 돌아가야 할 곳이었다. 우연히 들른 소제마을에서 자흔은 '둥그런 만과 다도해 섬들이 파란 바다를 둘러싼' 아름다운 모습을 보며 눈물을 쏟았다. 처음 가본 낯선 곳에서 어머니 품속 같은 편안함을 느꼈다.

나는 자흔의 상상 속 그리운 고향인 소제마을로 향했다. 그런데 목적지가 가까워질수록 당혹스러운 마음이 되었다. 소제마을 인근은 택지지구로 개발 중이었다. 차를 세울 곳도 마땅치 않아 마을을 통과했다가 유턴해 바닷가 버스 정류장에 겨우 차를 세울 수 있었다. 정류장 안쪽 벽에는 『여수의 사랑』 표지와 의자에 앉은 한강 작가의 모습, 여수 기행의 여정을 표시한 지도가 프린트되어 있었다. 전면의 풍경을 외면하고 나는 바로 옆 등나무 아래로 자리를 옮겨 앉았다.

소제마을을 등지고 앉아 바라본 곳, 아! 지금까지 내가 본 여수 바다 가운데 가장 검푸른 바다가 거기에 있었다. 자흔이 눈물을 쏟았던 이유를 알 듯했다. 너무 아름다운 순간

삶이 끝나도 괜찮다고 생각한 적이 있는데, 소제마을에서 장소와 합일하는 순간 자혼 역시 그런 감정을 느꼈던 건 아니었을까. 자혼은 바닷물에 빠져 죽고 싶었지만 무섭지 않았고 하늘과 바람과 땅과 물과 섞이면 그만이라고 생각했다. 그랬다. 자혼은 생의 끈을 놓아버린 것이 아니었다. 오히려 생에 집착하지 않으므로 뚜벅뚜벅 걸을 수 있을 거라고, 나는 믿었다. 때로는 희망 없는 긍정이 더 '견고한 평화'를 가져다주기도 한다.

「여수의 사랑」에서 '여수'는 아름다운 물의 도시 여수^{麗水}를 뜻하지만, 여수^{旅愁}라고 읽으면 그 의미가 사뭇 다르게 다가온다. 자혼을 처음 만났던 늦봄, 겨울 외투를 입고 땀을 흘리고 있는 자혼에게 정선이 한 최초의 말은 "여행 중이세요?"였다. 실제 자혼은 제주도를 빼고 각 도에서 1년 이상 살았고 한 장소에서 안주한 적이 없었다. 자혼의 삶은 어디에도 머물지 못하는 여행자의 삶 자체였다. 그런 자혼이 여수를 만난 뒤, 여수를 고향으로 삼았다. 어쩌면 인생을 긴 여행으로 본다면, 여수^{旅愁}는 우리가 느끼는 보편적 감정의 다른 이름일 것이다. 누군가는 태어나고 누군가는 죽는 오늘, 우리는 그저 주어진 하루를 여행하고 있지 않은가. 그러니 여수는 누구에게나 돌아갈 고향이 되어줄 수 있을 것이다.

나는 마을 이름 '소제'를 '掃除'의 의미로 받아들였다. 더럽거나 어지러운 것을 쓸고 닦아서 깨끗하게 하는 바로 그 '소제'. 여수라는 도시가 중의적 의미를 갖듯 '소제'라는 이름도 그럴 거라고 생각했다. 소제, 소제라고 연거푸 읊조리며 자흔의 마음이, 정선의 마음이 그곳에서 정화되길 기원했다. 통곡을 쏟아놓기에 딱 좋은 검푸른 바다에서 슬픔을 토한 뒤 다시 새로워진 마음자리가 생기기를 바랐다. 소제마을에서 정선과 자흔을 생각하며 앉아 있는 사이, 실제와 다른 풍경 너머의 풍경이 와락 달려들었다. 기대와 전혀 다른 마을 풍경에 당황했던 마음은 어느새 씻기고 정갈해졌다.

정선이 여수역 승강장에 내렸을 때 혹독한 바람이 정선의 어깨를 후려쳤다. 다가올 여수의 시간이 녹록지 않을 거라 예감하면서도 나는 인물들이 어떤 모습으로 살고 있을지 굳이 소설 이후를 그려보았다. 생은 그렇게 끝나서는 안 되는 것이기에, 고통의 무게를 견딘 자에게 기필코 주어져야 하는 보상이 있어야 하기에, 애써 희망을 그려보았다. 그리고 소설 말미에서 내가 애써 상상하지 않아도 희망이 양각으로 새겨져 있는 것 같아서 안도했다. 중년이 된 정선과 자혼이 여수 어느 동네에서 살고 있지 않을까. 하루가 시작될 때마다 길을 잃은 기분이 되었던 정선과 자혼, 그들에게 여수는 여행자의 짐을 부려놓고 쉬어가도 좋은 곳이 되어주었을 것이다.

여수항의 포물선과 다정한 집들, 돌산도를 잇는 돌산대교가 한눈에 들어오는 곳에서 여수 밤바다를 만났다. 이순신 광장을 벗어나 걷다가 마치 뭔가에 홀린 듯 한 치의 망설임도 없이 어느 지점으로 향했다. 주황색으로 칠한 지붕 낮은 집 몇 채와 상현달 같은 모래사장이 있는 자그만 마을에 온통 마음을 빼앗겼다. 길도 모르고 방향만 쫓다가 막다른 길을 만나기도 했다. 돌아 나와 잠시 이바구마을 경로당 의자에 앉아 쉬었다. 나이 드신 어르신들의 이바구가 구수한 음악 같았다. 할머니가 알려준 대로 노면의 파란 선을 따라 어깨가 닿을 듯한 골목을 지나 그곳에 도착했다. 발을 디딜 때마다 사그락사그락 소리가 났다. 부서진 조개껍질이 퇴적해 먼 데서 봤을 때 은빛으로 반짝거렸다는 것을 뒤늦게 알았다. 만성리의 검은 모래는 잊고 은빛 해안에서 여수항으로 돌아오거나 떠나는 배를 보며 마냥 앉아 있었다. 황혼의 시간, 따뜻한 안도감이 밀려들었다.

돌산대교 방향으로 마을을 벗어나다가 무심히 위를 올려다 보았다. 순간 단전에서부터 올라오는 신음을 토하고 말았다. 카페 헤밍웨이가 오롯이 그 자리에 있었기 때문이다. 돌산대교를 지난 뒤 헤밍웨이에 들어가 멋쩍게 미소를 지었다. 말 없는 미소는 나의 오래된 안부였고 그간에 쌓인 이야기를 함축한 한 문장이었다. 30년쯤 전에 나는 그곳에 갔었다. "그때는 더 아리따운 주인장이 있었죠?" 여수에 처음으로 카페를 차렸다는 여사장은 39년째 그곳에서 나이 들고 있었다. 낭만적인 여수항 불빛을 보며 돈가스를 먹었다. 혼자 식사하고 있는 내가 마음에 걸리셨을까. 주방 이모가 나와 건너편 자리에 앉더니 한마디 거든다. "거리를 둔께 멋있어. 가까이 가면 좀 거시기허." 여행자의 시선과 현지인의 시선이 다르다는 것을, 삶이라는 것도 바라보는 거리에 따라 다르게 보인다는 것을 새삼 떠올렸다. 슬픔도 먼 데서 보면 빛이 나기도 하고, 아픈 시간들이 모여서 단단한 현재를 만들기도 한다.

한낮의 햇살을 피해 카페에서 「여수의 사랑」을 읽었다. 여수항의 밤 불빛을 본 적이 있는지, 돌산대교를 걸어서 건너본 적이 있는지, 죽포 바닷가의 눈부신 하늘을 봤는지 눈동자를 반짝이며 재잘거리는 자흔의 말을 읽다가 곧바로 죽포 해변에도 갔다. 소설이 나를 이끌었고 여행은 소설을 더 선연하게 만들었다. 여수의 거리를 걸을 때 내 곁에 삶이 있었고, 그리움이 더해지며 여수의 시간은 더할 수 없이 아름다웠다. 정선과 자흔의 여수가, 나에게도 아픈 자리였던 오래된 여수가 참 다정하게 나를 품어주었다. 여행 내내 곳곳에서 친절한 사람들이 손을 내밀었고 나는 혼자서도 외롭지 않았다. 사는 일이 고단하거나 여행자의 우수에 젖고 싶을 때, 나는 다시 여수에 갈 것이다. 석양이 드리우는 시간, 여수에서 아름답게 물들 것이다.

—오교희

가지 못한 소풍

엄마의 오랜 병원 생활로 인해 지칠 대로 지쳐 있었다. 당시에 나는 일주일에 두 번씩 병원에 방문하고 있었다. 몇 년째 반복하다 보니 병원에 가는 일이 기쁨이 아니라 해야 하는 숙제가 되어가고 있었다. 그런 마음이 들 때마다 나 자신이 너무 끔찍했다. 가족들에게 당분간은 일주일에 한 번씩, 매주 토요일에만 엄마한테 가겠다고 통보했다. 이후 나는 엄마가 보고 싶어서 간절한 마음으로 토요일을 기다렸다. 학원 수업이 끝나는 대로 엄마가 드실 간식을 챙겨 설레는 마음으로 병원에 갔다. 병원까지 가는 1시간이 얼마나 긴지, 엄마를 보고 싶어 액셀에 올린 발에 힘을 주기도 했다.

그날은 그렇게 날씨가 좋을 수 없었다. 여름을 밀어내고 자리 잡은 초가을의 하늘은 청명했다. 몸에 닿은 바람 끝은 얼마나 부드러운지, 집에 가자마자 엄마가 드실 죽을 끓이고 과일을 챙겨 집을 나섰다. '오늘은 소풍 가기 딱 좋은 날이야.' 나는 이미 집에 가며 엄마랑 소풍해야겠다는 작정을 마쳤다. 혼자서는 차에 앉힐 수 없으니 소풍이라고 해봤자 엄마를 휠체어에 태워 산책하는 거지만, 그날은 제법 거리가 있는 교정에 가야겠다고 마음먹었다.

마음이 분주했다. 도착하자마자 침상을 올리고 엄마를 앉혔다.
"엄마, 이 죽 드시고, 나랑 소풍 갈 거야."
순간 엄마 얼굴에 미소가 번졌다. 파킨슨병으로 안면 근육이 부자연스러움에도 불구하고 얼굴이 접시꽃처럼 환하게 피어났다.

그런데, 소풍 갈 생각에 설레발치는 마음이 화근이었을까. 죽을 삼키다 음식이 기도로 흡입되고 말았다. 안색이 창백

해지더니 기침할 때마다 엄마 얼굴이 파래졌다. 바로 간호사가 왔고, 당직 의사도 달려왔다. 의사는 기도로 내려간 음식을 빼내기 위해 하임리히법을 실시했다. 가볍디가벼운 엄마의 몸은 침상에서 수차례 들썩거렸다. 다행히 얼굴색이 돌아오고 큰 고비를 넘겼지만, 우리의 소풍은 취소되었다.

그날의 소풍 계획이 몰고 온 파장은 너무나 컸다. 한바탕 소동으로 인해 엄마의 골반과 대퇴부에 골절이 생겼다. 큰 병원으로 갔지만 엄마는 수술도 받지 못한 채, 끝내 합병증으로 세상을 떠나고 말았다. 엄마만 혼자서 영원히 돌아오지 못할 소풍을 떠나셨다.

마지막에 실린 작품 「붉은 닻」은 동식과 동영 형제가 엄마와 함께 소풍 가는 것으로 이야기가 끝이 난다. 신춘문예에 당선한 이 소설을 읽은 작가 최인호는 어두운 가족이 후반부에 바다로 소풍을 가는 게 참 좋았다고 했다. 그런데 나는 이들이 소풍 간 서쪽 바다, 파도 소리조차 들리지 않는 고요한 바다 이야기 장면을 읽으며 눈시울을 적시고 말았다. 붉은 닻의 이미지를 묘사한 소설 속 문장이 마음에 박혔다. 시간이 흐르고 흘러 밀물과 썰물이 셀 수 없이 반복되었음에도 붉은 녹으로 얼룩져 파묻혀 있던 닻, 그것이 아직도 내게 박혀 있는 죄의식 같았다.

언젠가 한번 엄마가 오셨던 기억이 선명하다. 희붐하게 날이 밝아오던 아침이었다. 그날은 걷지 못하던 엄마가 기어이 걸어서 오셨다. 그러고는 "다리가 끊어질 듯 아프구나."라고 말씀하셨다. "어떻게 그 먼 데서 걸어오셨어요?" 나는 엄마를 업고 들어가 만지고 주무르며 꿈에서 깼다. 그때 나는 허공을 더듬고 있었다. 손끝에서 엄마의 온기가 느껴졌다. 햇귀가 창으로 스며들고 있었다.

꿈은 결국 꿈꾸는 자의 내면의 반영일 것이다. 엄마를 그리워하는 내 내면의 반영이, 엄마 다리를 바수어버린 나의 미안함이 꿈을 낳았을 것이다. 동식과 동영은 엄마와 간 소풍에서 서로에게 속마음을 보여주었고, 어두운 기억의 터널을 지나 비로소 화해할 수 있었다. 이제 나도 엄마와 가지 못한 마지막 소풍의 기억과 화해할 수 있지 않을까? 가지 못한 소풍 대신, 엄마와 같이 다녔던 행복한 소풍을 추억하고 싶다.

오교희
20여 년간 독서지도를 했다. 뜰은 꽃으로 방은 책으로 채우며 시골에서 산다. 언젠가 시집 한 권 엮는 꿈을 꾸며 어설픈 시를 짓고 있다.

여수, 한강이 다녀간 길

'아름다운 물'이라는 이름을 가진 여수는 어디서든 바다에 안겨 있는 듯한 도시다. 여수만을 따라 자리한 땅이 바다를 감싸안은 모양이지만, 정작 그 안에 들어서면 바다 쪽에서 품어주는 기운이 먼저 느껴진다. 바다는 늘 온화하고 고요하게 다가온다.

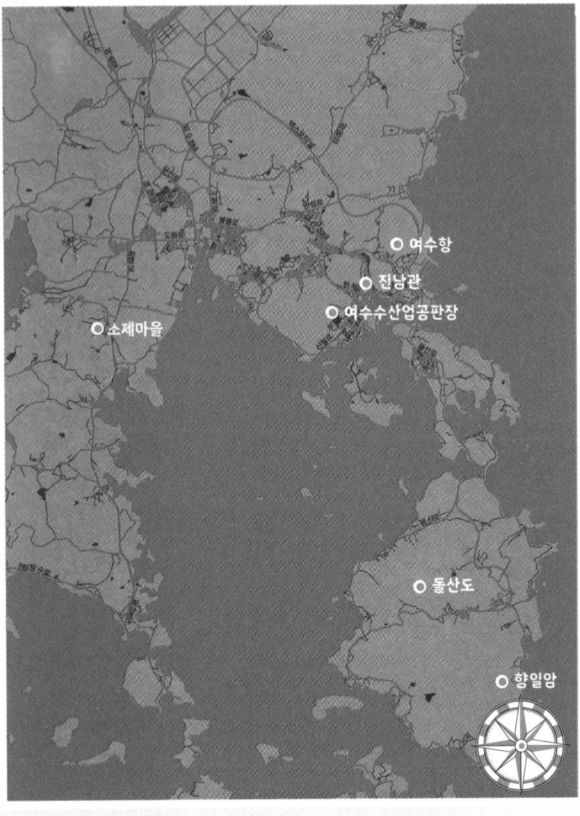

1995년 첫 소설집 『여수의 사랑』을 낸 이듬해, 이십대의 젊은 한강은 실제로 여수를 찾았다. 소설 속 인물 자흔이 언급한 장소와 여수의 명소를 걸으며 찍은 다큐멘터리 영상은 1996년 10월 2일 EBS에서 방영되었다. 2024년 노벨문학상 수상 이후 이 영상이 재방송되었고, 많은 독자들이 그의 발자취를 따라 여수 문학 기행에 나서고 있다. 소설 속에서 자흔이 "어머니 품 같다"고 말했던 소제마을을 비롯해, 한강이 실제로 다녀간 여수의 풍경을 함께 따라가 본다.

여수항

여수항은 우리나라 제2의 수산항이다. 북쪽 수정동 일대의 신항(북항)과 남서쪽 교동·중앙동 일대의 구항(남항)으로 나뉘는데, 신항 인근에는 여수 엑스포 행사장이 들어서 있으며 현재도 개발 중이다. 한강이 찾았던 곳은 바로 구항이다. 여객선터미널과 시장, 이순신 광장, 진남관이 가까이 있어 여수의 옛 정취가 남아 있다.

Tip. 돌산대교까지 이어진 도보길 '베프로路'를 걸으면 바다와 도시가 함께 품어지는 여수를 만날 수 있다.

진남관

조선 시대 400년간 수군의 본거지였던 여수. 그 상징이 바로 국보 제304호 진남관이다. 임진왜란 이듬해 불타 없어진 진해루 자리 위에 새로 세운 단층 목조 건물로, 75칸의 대규모 객사를 세우고 진남관이라 이름 붙였다. 기록에 따르면 조선 후기에 78동의 건물이 있었다고 하는데, 현재는 진남관뿐이다. 구시가지 한복판에 소박하게 놓여 있어 무심코 지나치기 쉽지만, 처마 아래서 여수 앞바다를 바라보면 이순신 장군이 호령하던 목소리를 상상할 수 있는 곳이다.

Tip. 관람은 동절기엔 오후 5시, 하절기엔 오후 6시에 마감된다.

돌산대교

남산동과 돌산읍을 잇는 다리로, 길이 450미터 높이 62미터의 사장교이다. 1984년 12월 15일에 준공되었으며 돌산도와 여수반도를 연결하는 중요한 교량이다. 돌산도 아래, 여수항 코앞에 장군도라는 작고 둥그런 섬이 있는데 배를 타고 가야만 닿을 수 있다. 여수항과 장군도, 돌산대교가 어우러진 풍광은 참 평화롭다. 도심에 불이 켜졌을 때 남산동과 돌산대교에서 바라보는 여수 야경의 아름다움은 비할 데가 없다.

Tip. 남산동과 돌산대교 언덕에 있는 카페 '헤밍웨이'에서 야경을 감상해 보길.

향일암

여수에서 제일 유명한 볼거리는 역시 향일암이다. 돌산대교 지나 돌산도의 끝까지 가면 금오산 절벽에 세워져 더욱 신비로운 향일암을 만날 수 있다. 우리나라 4대 관음기도 도량 중 하나인 향일암은 신라 시대 원효대사가 원통암이란 이름으로 창건하였고, 조선 숙종 대에 향일암이라 명명하여 오늘에 이르고 있다. '해를 향한 암자'라는 이름처럼 향일암에서는 기암절벽에서 일출과 일몰을 다 볼 수 있다. 가는 길은 두 가지가 있는데, 가파른 계단 길과 잘 포장된 오르막길을 오르는 것이다. 해탈문이라는 바위틈으로 난 좁은 석굴을 통과하고, 몸을 낮춰 석문을 지나면 향일암이 모습을 드러낸다. 향일암은 임진왜란 당시 이순신 장군을 도와 왜적과 싸웠던 승려들의 근거지이기도 하다.

소제마을

소제마을은 돌산대교를 나와 여수항의 반대편 해안을 따라가면 만날 수 있다. 여수에 실재하는 소설 속 장소로, 자흔이 버스 고장으로 인해 우연히 방문했다가 고향이라고 여기게 된 곳이다. 지금은 택지개발지구로 한창 개발 중이어서 소설 속 묘사와 같은 소제마을 풍경은 볼 수 없게 되었지만, 작가가 앉아서 생각에 잠겼던 버스 정류장이 남아 있다. 이곳에서 자흔이 바라본 검푸른 바다를 만날 수 있다.

한강 작가의 여정

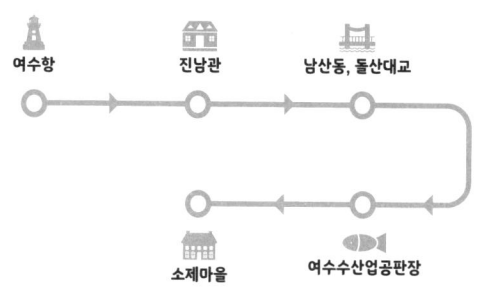

필자의 여정

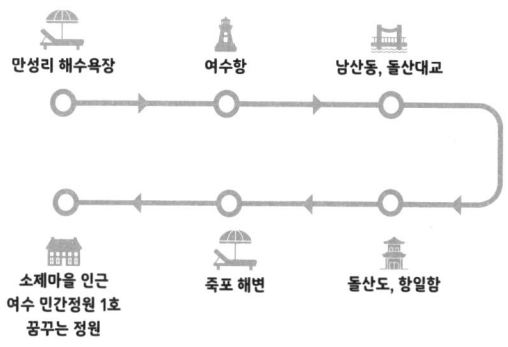

Tip. '꿈꾸는 정원'에서 바다 조망하기(여수시 소호12길 15-8, 전화 예약 필수)

『검은 사슴』

작품 소개

젊은 마이스터의 탄생

『검은 사슴』은 1998년에 출간된 한강 작가의 첫 장편소설이다. 긴밀한 서사와 풍부한 비유, 생생한 인물들로 500페이지 분량을 힘있게 밀고 나아가는 작품이다. 스물여덟 나이의 작가는 『검은 사슴』으로 "한 젊은 마이스터의 탄생을 예감케 하는 데 부족함이 없을 것"(문학평론가 서영채)이라는 찬사를 받는다. 그 말이 틀리지 않았음을 증명하듯 26년 후에 한강은 한국의 첫 노벨문학상 수상자로 선정된다.

『검은 사슴』의 주제 의식과 작품 분위기, 등장인물은 훗날 쓰게 될 소설을 예고한다. 한강 작품 세계의 출발점이 되는 『검은 사슴』은 어떤 소설인가. '검은 사슴'은 땅속 깊은 곳, 어두운 바위틈에서 사는 가상의 동물이다. 뿔로 불을 밝히고 강력한 이빨로 바위를 먹고 사는데, 지상으로 올라가 하늘의 빛을 보는 것이 평생소원이다. 바깥으로 나가려다 사람들에게 뿔이 잘리고 이빨마저 뽑혀 검은 피를 흘리며 죽는 검은 사슴. 운 좋게 지상으로 나가 그토록 소원하던 하늘을 보게 되더라도 빛을 보는 순간 검은 사슴은 빨갛게 녹아버린다. 빛을 향해 나아가지만 결국 소멸을 피할 수 없는 딜레마에 놓인 검은 사슴은 상처와 아픔을 안고 사는 소설 속 인물들을 닮았다.

『검은 사슴』은 한낮 도심의 횡단보도에서 느닷없이 훌훌 옷을 벗어 던지고 알몸으로 내달리는 한 여자(임의선)를 찾아가는 여정이다. 강원도 오지인 연골에서 광부의 딸로 태어난 의선은 주민등록번호도, 은행 계좌도 없다. 사회적으로는 존재하지 않는 셈이다. 의선은 밝은 곳을 좋아했다. 마치 식물이 광합성을 하듯, 의선은 햇빛 속에 알몸으로 있기를 좋아했다. 고기를 거부하고 식물을 닮은 의선은 『채식주의자』의 영혜의 전조처럼 보인다. 그런 의선이 어느 봄날 대낮에 거리에서 알몸으로 질주한다. 경찰에 붙잡힌 후, 다시 돌아오지만, 의선은 "나, 거……거기로 지금, 지금 가야 돼."라는 수수께끼 같은 말을 남기고 완전히 사라진다.

잡지사 기자 인영은 대학 후배 명윤과 함께 평생 탄광 사진을 찍는 장종욱이라는 인물을 취재하기 위해 강원도로 떠난다. 취재는 명분일 뿐, 진짜 이유는 사라진 의선의 행방을 찾는 데 있다. 인영은 의선이 알몸으로 달리는 광경을 목격하고, 기억을 잃은 상태에서 찾아온 의선과 함께 살았다. 인영의 대학 후배인 명윤은 글을 쓰다가 중단하고 있던 차에 의선과 만난다. 의선의 모습에 끌린 명윤은 의선과 사랑에 빠지고 동거를 하는데 이때 의선으로부터 탄광 도시에서 학교를 다녔다는 희미한 기억을 듣는다.

인영과 명윤이 향하는 탄광 도시는 인구가 반으로 줄어든 폐광촌이다. 과거 번영했던 도시의 쓸쓸함과 겨울의 황량함을 헤치며 인영과 명윤은 의선의 자취를 추적한다. 쉽게 잡히지 않는 의선의 행방을 쫓는 길은 점점 더 낯설고 깊어진다. 사진작가 장이 사진을 찍기 위해 탄광의 깊은 어둠으로 내려가듯 더 깊은 어둠으로 향하는 과정은 명윤과 인영이 외면하고 견디고 있던 내면의 어둠과 맞닿아 있다. 인영은 어린 시절 언니를 잃었다. 언니의 죽음으로 삶을 포기한 듯 껍데기만 남은 엄마 아래서 자랐다. 곁을 좀처럼 내주지 않는 인영이 갈 곳 없는 의선을 받아들였던 것은 왜였을까. 언니의 빈자리를 잊은 적 없는 인영의 무의식에서 비롯된 것은 아니었을까? 명윤에게도 어두운 그림자가 있다. 아버지의 폭언과 폭행으로 집안이 무너졌고 누이동생은 가출했다. 동생을 찾지 못한 명윤은 소중한 존재를 또다시 잃어버릴 수 없다는 듯 의선을 찾는 데 필사적이다.

자신의 기억을 찾아 떠난 의선, 의선을 찾기 위해 탄광 지대를 찾아가는 인영과 명윤 그리고 사진가 장. 이들은 모두 저마다 깊은 어둠을 갖고 있다. 마치 검은 사슴처럼. "어떤 것이든 바닥까지 내려간 상태에서 더 많은 것을 볼 수 있다고 생각해요." 한강 작가에게 어둠은 부정적인 것이 아니라 본질에 다가서는 방법이다. 아무렇지 않은 듯 살아가지만 저마다 지닌 상처를 대면할 때, 비로소 자신의 본질을 찾을 수 있다는 것이다. 의선이 태어난 연골은 겨울에 날린 연들이 가서 떨어지는 깊은 산속 마을이다. 지난겨울에 날아온 연들을 모아 불태우는 것으로 그해 마을의 봄이 시작된다. 연골은 죽음(불태우는 것) 후에 새로운 시작이 열리는 다시 태어나는 장소이다.

검은 사슴이 녹아버린 웅덩이 자리에 치유의 힘을 지닌 구원의 약초(붉은애기풀)가 자라난다. 마치 '밀알 하나가 떨어져 죽으면 많은 열매를 맺는다'는 성경 구절처럼, 약초에는 아픈 병을 낫게 하는 힘이 있다. 검은 사슴이 빛을 보면 소멸할지라도 그 소멸로 인해 누군가는 다시 살아나간다. 의선은 이제 사라지고 없다. 인영은 의선이 사라진 자리에서 빛을 본다. 어둠을 통과한 후에 만나는 빛이다. 어둠 속에서 빛을 갈망하는 검은 사슴은 이 시대를 살아가는 현대인의 자화상이 아닐까. ➤

—김성민

우리는 무엇을 지켜내고 무엇을 잃었는가

아버지는 광부였다. 20년 동안 채광과에서 착암공으로 근무하셨다. 아버지를 비롯해 그곳의 어른들은 그곳이 객지였지만 그곳에서 나고 자란 우리 세대에게는 고향이었다. 아버지는 살기 위해 그곳을 찾아왔지만 늘 그곳을 떠날 채비를 하며 살았고, 10대에 고향을 떠나온 나는 줄곧 고향의 하늘과 산을 서성이며 살고 있다. 아버지가 어둠의 막장에서 캐 올린 한 줌의 빛으로 나는 자랐다. 아버지가 땅속 깊이 내려갈수록 우리는 그 빛의 잔광을 따라 세상 밖으로 조금씩 나올 수 있었다. 어둠 속에서 땅을 캐던 아버지는 내게 생을 캐내며 사는 법을 유산으로 남겨주셨다.

돌이끼 낀 계단을 밟고 내려가면 좁은 골목에 키 작은 대문들이 어깨를 맞대고, 공동 우물가에는 어김없이 전날 밤의 속사정들이 이마를 맞대고, 옆집인지 옆방인지 모를 정도로 따개비처럼 달라붙어 지냈다. 다닥다닥 붙은 대문들을 지나 신작로로 올라오면 언제나 복작이던 마을과 달리 한 방울의 소리도, 한 줄의 빛도 새어 나오지 않는 골짜기 입구가 버티고 있었다. 어린 내가 칠흑 같은 어둠을 향해 "저 깜깜한 곳에 누가 살아?" 하고 물으면 아버지는 늘 낮은 목소리로 "호랑이가 산대. 절대 들어가면 안 돼!"라고 말하셨다. 실제로 아버지가 그곳에서 잡아 온 산토끼를 본 적은 있었지만 고향을 떠날 때까지 그 골짜기에 발을 내딛지 못했다. '새송'이라고 불리는 깊고 깊은 골짜기였다. 알고 보니 그곳은 대한민국에서 차로 올라갈 수 있는 최고 높은 고개, 해발 1,330m의 만항재로 올라가는 임도林道가 시작되는 곳이었다.

폭이 좁아 양방향 통행이 어렵다는 말을 듣고 미루다가 고향을 떠나온 지 한참 후에서야 새송 골짜기에 가보았다. 시멘트 길로 포장이 되어 있긴 했지만, 차량 통행이 거의 없는 궁벽한 오지의 낡고 조용한 길. 모두가 떠난 그곳에 남은 것은 맑은 바람의 향기를 맡고 자란 무성한 초록의 잎과 높고 좁은 하늘뿐이었다. 그러나 그 바람 안에는 지난 시절 어둠 속에 웅크리며 살던 사람들의 삶의 향기가 흠뻑 묻어 있었다. 『검은 사슴』의 의선이가 나고 자란 연골이 그 골짜기와 닮았을까?

내가 태어난 곳, 그곳은 강원도에서도 오지 산간 지역이자, 대한중석 상동광업소가 있던 광산촌이었다. 태백산맥과 소백산맥이 겹쳐진 산간 지역으로 평지를 찾기 힘든 골짜기이다. 태백, 정선, 봉화와 맞붙어 있는 곳이다. 1916년 중석 광맥이 발견되면서 시작된 광산촌의 번영은 국가 전체 수출액의 60%를 차지해 중석불($)로 대한민국을 먹여 살린다는 말이 나올 정도였다. 그러나 80년대 중국산 중석이 국제 수출시장에 뛰어들자 94년 3월에 폐광되었다. 한때 인구가 4만 명에 달해 초등학생만 2천 명에 육박했지만, 현재는 전체 인구수가 천여 명으로 전국에서 가장 인구가 적은 읍으로 퇴락하고 말았다. 이것이 고향의 현주소이다. 고향은 땅속에 묻어둔 중석을 내어주어 수많은 사람들을 먹고살게 해주다가 사람들이 모두 떠나가자 원시 자연의 모습으로 회

귀했다.

아버지가 돌아가신 이후 공개적으로 고향을 밝히지 못했다. 광부인 아버지가 부끄러운 것이 아니었다. 죽음을 이고 지고 생을 캐며 살았던 아버지의 딸로 제대로 살지 못해 그 삶을 헛되이 하는 건 아닐까 하는 불안함 때문이었다. 고향을 떠난 후 광산촌이 고향이라는 말을 많은 사람들 앞에서 내뱉기까지 꼬박 34년이 걸렸다. 그 결정적 순간은 한강의 『검은 사슴』을 읽은 후 열린 줌 독서 모임에서였다.

'한강 읽기' 모임에서 만난 작품들은 감동을 지나 전율로 스며들었다. 두꺼운 564쪽, 『검은 사슴』을 펼치다 "아버지가 광부였다고도 했었어요."라는 한 문장 앞에서 숨이 멈칫했다. 내 안의 폐광촌 칠흑은, 오래 반짝이지 못하고 깜박이던 별—두려움과 맞물린 별이었다. 장을 넘길수록 검은 사슴의 눈동자는 어둠 쪽에서 나를 정확히 겨냥했다. 마음은 고향을 떠난 적이 없었으나, 현실의 나는 슬픔을 마주할 용기가 없어 고향을 '옛 모습'으로만 봉인해 둔 채 살아왔다는 오래되고 못난 진실. 소설 속 의선은 귀향했지만, 나는 끝내 돌아가지 못한 마음을 그 자리에서 들켜버렸다.

자연의 순정함을 친절하게 보여준 곳, 이웃의 살가움을 느끼게 해준 곳, 그러나 삶과 죽음의 아슬아슬한 경계를 알려준 곳, 나의 일생을 관통하는 상실통은 어쩌면 고향으로부터, 그날로부터 야기되었을지도 모른다.

학교에 있는 동안 자주 앰뷸런스 소리가 요란했지만 대수롭지 않게 여겼다. 초등학교 6학년, 그날 단짝 친구와 하교하는 길에 온 동네에서 뿜어져 나오던, 한 번도 느껴보지 못했던 고요한 적막감에 질식될 것만 같았다. 친구와 나를 눈여겨보시던 한 아주머니께서 바로 집으로 가라고 재촉했는데 그 말씀을 하시던 아주머니의 눈빛이 사뭇 떨리고 있었다. 난생처음 보는 낯선 눈빛 뒤에는 내가 알 수 없는 감정이 마구 뒤엉켜 있는 것만 같았다. 측은함과 애절함이 범벅이 된 슬픈 눈빛이었다. 그 눈빛의 정체는 금방 밝혀졌다.

집에 도착하자마자 나를 기다린 것은 친구의 아버지가 사고로 돌아가셨다는 믿기지 않는 사실이었다. "아버지 회사에서 사고가 날 수가 있구나, 그 사고로 사람이 죽을 수도 있구나."를 듣자마자 나는 안방으로 뛰어 들어갔다. 안방 오시레(おしいれ, 일본식 반침) 위에 걸린 가족사진 속 아버지를 바

라보고 울면서 기도했다. '출근 중인 아버지가 살아오시기를… 돌아오시기를…' 빌었다. 내 아버지의 무사만을 기원했던 그때, 아버지를 잃은 친구가 걱정되었지만, 그 슬픔을 헤아리기보다는 내게 그 슬픔이 당도하지 않기를 빌고 또 빌었다.

그 친구의 슬픔을 나눠 갖기도 전에, 슬픔을 외면했던 내 잘못을 사과하기도 전에, 친구는 동네를 떠났고 그렇게 이별이 찾아왔다. 내 상실통의 시발점이었다. 그날 이후, 내 안엔 늘 골짜기의 어둠이 머물렀다. 그 이후 죽음은 더욱 가까이에서 존재감을 내비쳤다. 이듬해에는 매일 마주치던 앞집 언니네 아버지가 돌아가셨고, 그다음 해 여름에는 절친했던 다른 친구 아버지도 돌아가셨다. 해마다 광산 사고는 끊이지 않고 일어났고, 따개비처럼 가까이 지내던 이웃들도 꾸역꾸역 고향과 내 곁을 떠나갔다.

금기가 많은 동네였다. 막장에서는 낮과 밤이 따로 없었다. 24시간을 세 토막으로 나눈 근무 시간에 맞춰 아버지들은 죽음이 연실 넘실거리는 막장으로 교대로 들어갔다. 죽음은 영원한 이별이자 또 다른 세계와의 만남이었다.

죽음 이후의 세계를 그려보게 되었으니 말이다. 남은 이들은 살아남은 이의 무게를 짊어지고 살았다. 더는 잃지 않으려 안간힘을 썼다. 그러나 그 안간힘은 자주 삶의 공허를 디뎠다. 생은 잃은 뒤에야 빛이 드러나는 이상한 법칙이 존재하기에.

아버지가 세상을 떠난 후, 막 개관했다는 말을 듣고 우연히 들른 석탄박물관 갱도 체험관에서였다. 깜깜한 갱도 속, 동발(갱도 지지목)에 걸터앉아 도시락을 먹는 광부 모형을 보는 순간 사시사철 아버지가 챙겨 가시던 도시락이 떠올랐다. 빛도 물도 없는 그곳에서 아버지는 어떻게 밥을 넘기셨을까. 그 생각에 숨이 탁 막혔고, 그날 이후 나는 좁고 어두운 공간만 보면 온몸이 얼어붙었다. 고향을 떠난 뒤, 소설 속 인선처럼 폐소공포증을 앓기 시작했다.

몇 년 전, 폐소공포증을 앓던 중 떠난 폴란드 여행에서 큰 용기를 내어 소금광산에 내려갔다. 식은땀이 나고 숨이 가빴지만, 그곳에서 들은 어린 말들과 광부들의 이야기를 따라 아버지의 삶을 떠올리며 겨우 지상으로 올라왔다. 그곳에서도 소금을 캐내는 일은 목숨을 건 일이었다. 바위틈에서 새어 나온 가스(메탄)가 폭발해 많은 이들이 희생되었고, 이를 막으려 먼저 들어가 점화 시험을 하던 사람들도 있었다고 했다. 어둠의 갱도에서 생을 마감할 때까지 수레를 끌던 어린 말들의 운명까지. 산다는 것의 위대함과 잔인함을 동시에 품은 그 막장을 보고 나서 나는 마음 한 조각을 소금광산에 떼어 두고서야 지상으로 올라올 수 있었다.

한강 소설 속에 그려낸 고향의 모습은 벌어진 상처를 다시 벌려내고 알코올 솜으로 닦아내듯 쓰라렸다. 쇠락하고 붕괴한 고향이 활자로 되살아나자 눈앞이 흐려졌다. 친구들과 재잘거리며 오가는 재미로 일부러 집에서 먼 미용실을 다녔다. 그곳은 우리가 모두 떠난 뒤에도 남아 있었지만, 갈 때마다 천장은 조금씩 내려앉아 사춘기 소녀들의 수줍은 얼굴을 비추던 거울을 반쯤 삼켜버렸다. 인적 드문 터미널의 벽시계는 성긴 발걸음을 숨죽여 세고 있었다. 집집마다 가족이 옹기종기 모여 살던 사택단지는 계절마다 다른 꽃들로 허전한 공기를 메웠다. 소설 속 광산촌은 내 고향과 다르지 않았다. 활자를 따라 읽다 보니, 나는 어느새 고향의 산마루에 앉아 울고 있었다.

산업화 시대의 논리 아래 파헤쳐진 검은 땅과 그 숨 막히는 어둠 속 땅을 파던 광부들은 세상이 화려한 빛으로 반짝이자, 역사의 기억 너머로 밀려났다. 검은 사슴처럼 한때 (하늘)세상의 빛을 마주쳤으나 금세 신화 속으로 사라져 버린 존재들이었다.

다만 그곳엔 죽음과 어둠만 머문 것은 아니었다. 어둠을 가르고 솟아오르는 온기와 생기가 있었다. 봄이 더딘 걸음으로 산마루를 스칠 때, 수줍은 빛으로 능선을 물들이는 진달래가 가장 먼저 소식을 전했다. 낮과 밤, 계절과 계절 사이를 분주히 살아낸 이들의 생을 향한 의지는 끝내 죽음에 굴복하지 않았다. 동네에 크고 작은 일이 생기면 어른들은 마당에 큰 가마솥을 걸고 닭개장을 끓였다. 고사리와 대파를 듬뿍 넣은 붉고 진한 국물은 척박한 땅에서 살게 한 마음의 보양식이었다. 만남과 이별의 자리마다 어김없이 올랐던 그 한 그릇은 이웃들과의 소박한 만찬이자, 거친 삶을 버티게 하는 구원이었다. 타향살이와 고된 노동으로 하루하루를 버텨내던 어른들을 지켜보며, 어린 나는 미어진 가슴을 품고 죽음과 나란히 걷는 삶이 얼마나 눈물겹게 아름답고 위대한지 온몸으로 배웠다. 그곳 사람들을 살게도 하고 죽게도 하며, 버텨내게도 한 것은 결국 자연이었다. 긴긴 겨울, 매서운 바람이 몰아쳐도 그곳은 내게 눈부심을 건네는 영혼의 안식처였다. 간밤의 눈이 검은 산하를 포근히 감싸안던 장면을 기억한다. 흰 눈을 이고 겹겹이 웅크린 능선이 오래 내 삶 곁에서 조용히 어깨를 내주었다.

한강의 소설은 고통받은 땅과 잊힌 존재들에게 시선을 돌려, 시대의 침묵 속에 묻힌 목소리를 다시 들려주었다. 어둠에 물든 채 갈 곳을 잃은 이들에게 한 줄기 빛을 건넨다. 문학은 상처 입은 인간들을 구원한다. 나는 고향에서 흩어진 이들에게 빚지고 살아왔다. 그러나 그 삶을 먼저 어루만지고 있던 것은 한강의 소설이었다. 의선과 명윤, 인영, 장을 비롯해 상처 입은 이들의 검은 눈망울을 끝내 외면하지 않는 다정한 집요함에 평생 쪼그라든 마음의 골짜기 속으로 위안의 바람이 스며들었다.

이따금 도시에서 지치고 시달릴 때면 의선처럼 고향에 내려간다. 험준하기로 유명한 38번 국도를 거쳐 31번 국도를 탄다. 어둠과 슬픔으로 나를 키운 고향, 모든 풍경과 소리가 사라지고 있는 동네, 어둡고 고요한 동네는 갈 때마다 무너지고 망가져 가지만 내 기억 속의 시간과 사람들은 갈수록 선명한 빛으로 떠오른다.

『검은 사슴』을 다 읽고 나서 나는 모처럼 고향으로 떠난다.

홍현희
삶과 사람, 사랑을 믿는 마음으로 독서 지도를 20년 했다. 문학의 품에서 배운 위로를 나누려 지금은 문학치료를 공부한다.

작품 리뷰

제주 바다

한강의 소설을 함께 읽은 벗들과 제주 송악산 둘레길을 걸었다. 계단을 따라 높은 곳에 오르자 탁 트인 바다가 펼쳐졌다. 송악산의 깎아지른 절벽에 파도가 쉴 새 없이 부딪혔다. 빛과 함께 출렁이는 바다 물결이 탄성을 자아냈다. 해수면을 수놓은 반짝이는 빛들을 보는 것만으로 정화되는 기분이랄까. 눈부신 바다를 빛의 물결이라고 이름 붙여도 좋을 것 같았다.

송악산 둘레길에 또 다른 이름이 있다는 것을 알았다. '절울이 오름'. '절'은 물결이라는 뜻의 제주어로, '절울이'는 물결이 우는 곳을 의미한다. 송악산 바다를 '절울이'라고 부르는 순간, 바다의 합창이 통곡으로 바뀌어 들리는 듯했다. 찬란한 바다 뒤에 감추어진 울음의 의미가 궁금했다. 바다의 물결이 바다의 눈물이라면 바다는 왜 울고 있는 것일까.

한강의 첫 소설집의 표제작 「여수의 사랑」을 기억하는 독자라면, 한강이 오랜 시간 동안 바다 이미지를 그리며 소설을 써왔다는 것을 알 것이다. 꿈에 나타난 바다의 이미지로 시작하는 첫 장편소설 『검은 사슴』도 예외가 아니다. 직장을 그만두고 소설을 쓰기 위해 제주에 내려가서 마주한 바다가 소설에 스며들어 있다. 『검은 사슴』에 나오는 검은 바다에 주목하면 울고 있는 바다가 보인다.

잡지 기자 인영은 바다 사진을 찍으러 다닌다. 기자 생활을 하며 틈틈이 바다를 찾아 사진에 담았다. 누군가에게는 텅 빈 것처럼 보이는 아무것도 없는 무(無)의 바다를 7년 동안 찍었다. 엄마와 단둘이 사는 시간을 무덤처럼 느꼈던 인영에게 사진은 한 줄기 빛이었다. 사진을 삶의 증거라고 여기며 찰나의 시간과 빛을 담는 사진에 인영은 매혹되었다. 말 없는 바다 사진들을 들여다보는 시간이 인영에게 기쁨의 순간이었다. 검은 바다에서 인영은 편안함을 느꼈다. 어둠 속의 적막이 자신을 지켜준다고 믿었기 때문이다.

인영이 사용한 카메라는 다락방에서 우연히 발견한 언니 민영의 낡은 카메라였다. 민영은 첫 아르바이트 월급으로 중고 수동 카메라를 샀지만 한 번도 쓰지 못한다. 태어나서 처음으로 떠난 제주도 여행에서 영영 돌아오지 못하기 때문이다. 밤낚시를 갔다가 민영이 탄 배가 바다 가운데서 전복되었다. 비상 구명용 튜브는 하나뿐이었다. 수영에 자신 있던 민영은 구명 튜브를 양보했다. 그것이 스물한 살 민영의 마지막이었다. 엄마는 민영이 행방불명되었다는 소식을 듣고 제주도로 급히 향한다. 민영이 사라진 장소, 제주도 북해로. 엄마는 끝까지 희망을 버리지 않고 민영의 시신이 떠밀려오기만을 기다렸지만, 결국 민영을 보지 못한다.

인영은 세상에서 자신을 가장 사랑해 주었던 사람을 잃었다. 죽음의 의미를 어렴풋이 알게 되는 사춘기 무렵부터 인영의 내면에 어둠이 자리 잡았다. 인영의 마음속 가장 연한 부분이 다쳐 다른 사람이 들어올 공간을 폐쇄하여 누구도 진정으로 사랑하지 않는 사람이 되었다. 인영의 바다 사진이 흑백으로 어두운 이유는 인영에게 바다는 어둠의 바다, 민영을 삼켜버린 바다이기 때문이다. 언니 민영의 시신을 찾지 못해 온전히 장례를 치를 수 없다는 서글픔이 바다 사진에 스며들어 있다. 인영의 바다 사진 찍기는 가눌 수 없는 슬픔을 달래는 방법이자 시간이 지나도 아물지 않는 상처에 익숙해지는 방법이었다.

인영은 바다 꿈을 꾼다. 바다의 어둠은 인영의 내면에 깊숙하게 자리 잡아 무의식으로 나타난다. 인영은 꿈속에서 울음을 터뜨린다. 격렬한 눈물이 뿜어져 나온다. 인영의 눈물이 길과 방파제가 만나는 모서리 홈을 따라 흐르는 물줄기가 된다. 인영의 눈물과 바다의 물이 만나는 지점이다. 인영은 어릴 때 엄마가 얼어붙은 손바닥으로 녹인 눈雪물을 마신 적이 있다. 언니 민영을 찾으러 간 제주도에서다. 인영이 마신 눈雪물은 엄마의 눈물이 배어 있는 눈의 물이다. 엄마의 눈물을 받아마신 딸은 눈물을 머금고 바다 사진을 찍는다. 바다의 순환으로 물이 눈이 되어 내린다면 인영이 마신 것은 바다의 물이기도 하다.

바다는 시시각각 변한다. 하나로 고정되지 않은 바다가 순간이라는 찰나가 되어 사진 속에 담긴다. 인영이 태어나기 전부터 밀려왔다가 밀려가는, 죽은 뒤에도 계속될 바다의 물결은 인영에게 영원과 순간의 물결이다. 민영의 죽음 이후 껍데기처럼 살다 간 엄마의 뼛가루를 뿌리러 인영은 제주 북해로 간다. 제주 바다는 인영에게 엄마와 언니의 마지막 장소, 잠든 곳이 된다. 야산의 무덤들을 평화롭게 여기며 무덤 사진을 찍은 적 있는 인영에게 바다는 또 다른 무덤이다. 영원한 안식처다.

『검은 사슴』 속에서 울고 있는 바다를 본다. 소설이 그리는 바다는 여러 정서의 겹을 입으면서 의미가 한층 두꺼워진다. 의미의 결을 헤아리면서 그 장소와 깊이 만난다. 그것이 우리가 문학을 읽는 이유다. 이전과 다르게 보기 위하여. 제주 바다에 이야기가 덧입혀지면서 그곳을 이전과 다르게 기억한다. 소설 속 문장을 거닐며 기억의 결을 조금 더 다채롭게 만든다. 제주 바다를 바라보며 울음소리를 듣는다. 빛을 머금은 눈물이다. 빛의 물결이 운다.

김성민
잘 읽고 싶다는 말을 잘 살고 싶다는 말로 여기는 사람. 잘 읽고 싶어서 함께 읽으며, 쓰기를 통해 함께 읽은 시간을 기록한다.

검은 사슴, 그 후에 걷는 길

1998년 발표된 장편소설 『검은 사슴』을 읽고 떠나는 이 여정은 단순히 과거의 산업 유산을 보는 여행이 아니다. 무너지고 스러진 삶과, 그 속에서도 끝내 살아남으려 했던 인간의 의지를 마주하는 길이다.

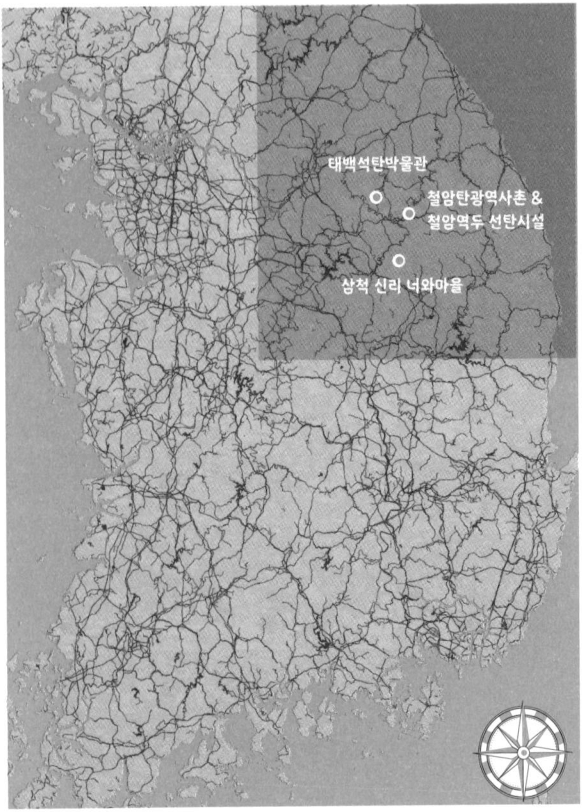

- 태백석탄박물관
- 철암탄광역사촌 & 철암역두 선탄시설
- 삼척 신리 너와마을

1코스 | 탄광의 시간과 그림자를 따라

태백석탄박물관

탄광 도시의 심장부에서 만나는 첫 번째 길은 태백석탄박물관이다. '검은 사슴'의 어둠과 맞닿은 공간에서, 우리는 '노동의 시간'을 직관적으로 느낄 수 있다. 석탄을 캐내던 사람들의 땀과 눈물이 고스란히 전시되어 있다.

철암탄광역사촌 & 철암역두 선탄시설

태백을 조금 더 걸어 내려가면, 탄광촌 사람들의 집들이 그대로 보존된 철암탄광역사촌과 거대한 석탄 선별시설이 남아 있는 철암역두 선탄시설을 만난다. 삭막한 산업의 풍경 속에서 사람들의 삶이 어떻게 스러져갔는지를 보여주는 현장이다. 검은 연기와 가루가 쌓였던 골목길에서, 소설 속 무겁고 눅눅한 공기가 실감 난다.

삼척 신리 너와마을(화전민 마을)

탄광이 들어서기 전, 숲과 더불어 살던 사람들의 흔적이 남아 있는 곳이다. 너와 지붕의 옛 가옥이 줄지어 있는 신리 마을은 화전민들의 삶을 고스란히 담고 있다. 숯 검은 땅속으로 들어가기 전, 인간이 자연과 어떻게 공존했는지 보여주는 대조적인 공간이다.

2코스 | 중석의 멈춤과 치유의 길

영월 상동 광산촌(텅스텐)

한때 세계적인 텅스텐 산지로 번성했지만, 지금은 멈춰버린 상동 광산촌. '중석$'로 불리던 그 자원은 한국 경제 발전을 이끌었지만, 마을과 사람들을 고단한 기억 속에 남겨두었다. 폐허가 된 광산 마을의 풍경은 소설 『검은 사슴』이 남긴 쓸쓸한 잔향과도 겹친다.

운탄고도 5길(만항재에서 화절령)

마지막 길은 운탄고도 5길이다. 만항재에서 화절령으로 이어지는 길은 탄광 노동자들의 기도가 서린 치유의 길이다. 석탄을 실어 나르던 옛길이 지금은 트레킹 코스로 남아, 푸른 숲과 고요한 바람이 고단했던 기억을 감싸안는다. 검은 사슴의 어두운 숲을 지나온 독자라면, 이 길에서 조금은 가벼워진 숨을 쉴 수 있을 것이다.

제주 송악산 둘레길

『검은 사슴』은 인간 내면 깊숙한 곳에 자리한 무의식의 폭력성과 죽음 충동을 응시하는 소설이다. 작품 속 인물들이 짊어진 고통은 단순한 개인적 불행이 아니라, 억눌린 기억과 상처가 세대를 넘어 되풀이되는 과정으로 드러난다.

송악산 둘레길의 다른 이름은 '절울이 오름'. '절'은 물결이라는 뜻의 제주어로, '절울이'는 물결이 우는 곳을 의미한다. 송악산 둘레길을 걸을 때, 발 아래 펼쳐진 절벽과 바다는 자연의 숭고함과 역사적 아픔이 공존하는 풍경으로 다가온다. 바람에 흔들리는 억새, 바다 위 흰 파도는 살아남은 자의 애도처럼 보이기도 한다. 그래서 이 길은 단순히 아름다운 경치를 즐기는 길이 아니라, 기억을 곱씹으며 걷는 '기억의 둘레길'이라 할 수 있다.

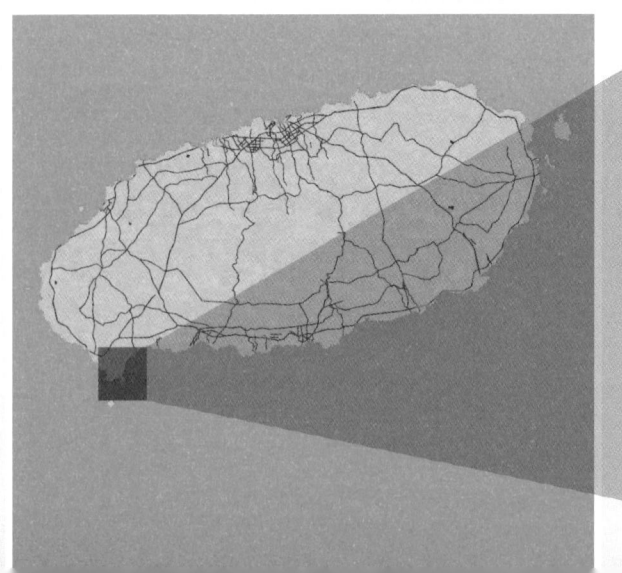

이때 『검은 사슴』과 송악산 둘레길에서 바라보는 바다는 서로를 비추는 거울이 된다. 소설이 인간 내면의 심연에서 "상처는 어떻게 반복되고, 어떻게 기억될 것인가"를 묻듯, 송악산 둘레길의 풍경 속에서 "폭력의 기억을 어떻게 마주하고 살아낼 것인가"를 묻는 듯하다.

송악산 둘레길
바다 절벽을 따라 걷는 길에서 마라도, 가파도, 형제섬이 한눈에 들어오며, 날씨가 맑으면 한라산 능선까지 이어지는 시야가 탁 트인다. 바람과 파도 소리가 끊임없이 동행한다.

Tip. 제주 서귀포시 대정읍 상모리, 제주 서남쪽 끝.

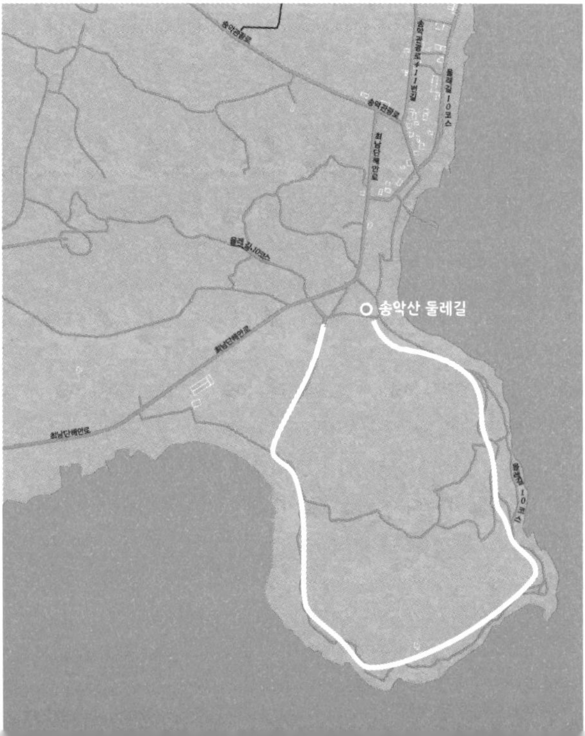

『그대의 차가운 손』

〈침대에서〉《론 뮤익》전, 국립현대미술관 서울관, 2025)

가면과 진실

인간의 내면을 향한 여정

한강의 소설을 읽고 있으면, 마치 길을 오르는 듯 숨이 가빠온다. 한 문장을 따라가다 보면 어느새 사회의 그늘이 떠오르고, 또 다른 문장을 붙잡으면 내 안의 낯선 그림자와 마주한다. 그러다 보면 지독하게 뜨거운 어떤 감정이 북받쳐 눈물이 나고, 과거가 불현듯 현재의 한복판으로 불려온다. 그의 소설 속 공기와 소리와 풍경이 독자의 곁을 걸으며 함께 거니는 순간이다.

『그대의 차가운 손』은 『검은 사슴』 이후 4년 만에 나온 두 번째 장편이다. 여기서 한강은 '라이프캐스팅'—석고로 사람의 몸을 그대로 본떠내는 기법—을 서사의 장치로 삼는다. 실종된 조각가가 남긴 수기와 흔적을 따라가며, 독자는 인간 내면의 균열과 모순을 더듬는다. 차갑게 굳은 석고의 표면을 바라보듯, 삶의 숨길 수 없는 결함을 마주하게 되는 여정이다.

프롤로그

작품의 화자는 장운형이라는 조각가를 만나기 전에 이미 세 번, 그의 작품을 스쳐 지나간다. K시의 전시장에서, 연극 무대 소품으로, 그리고 다섯 달 뒤 그의 실종 소식과 함께. 여동생이 보내온 스케치북에는 흘려 쓴 글씨와 벌거벗은 인체 드로잉, 그리고 '그녀의 차가운 손'이라는 제목의 페이지가 있었다. 그것은 낯선 여행의 지도가 되었다.

손가락

소년 시절, 장운형은 가장 가까운 가족에게서 차가운 껍질을 보았다. 사고로 손가락을 잃고 술과 폭력에 의지하는 외삼촌, 웃음을 가장하는 어머니, 위선을 두른 아버지.

그의 눈에 가족은 모두 가면을 쓰고 있었다. 어린 그는 두꺼운 뿔테 안경을 자신의 첫 가면으로 삼는다. 안경 너머에서만 세상을 견딜 수 있었고, 그것이야말로 자신을 지켜줄 껍질이라고 믿었다.

성스러운 손

청년기의 장운형은 타인의 몸에서, 그 결핍과 상처에서 아름다움을 읽어내려 한다. 몸이 부풀어 오른 L, 육손이라는 결함을 숨긴 채 화려함으로 치장한 E.
그들의 몸은 서로 달랐지만, 깊은 곳에는 지워지지 않는 상처의 흔적이 남아 있었다. 장운형이 석고로 떠낸 껍데기는 차갑고 무기력했다. 그는 자신이 만든 조각 앞에서 절망했다.

가장무도회

중년에 이른 장운형은 결국 자기 자신을 파고든다. 삶의 비밀을 너무 일찍 알아버린 자의 초연함, 그러나 동시에 끝내 감출 수 없는 상처.
그가 벗겨낸 껍데기 속에는 또 다른 혼돈과 공허가 있었다. 삶의 진실을 찾으려 했지만, 껍데기를 깨뜨린 자리에는 끝내 치유되지 못한 내면의 파편만 남았다.

에필로그

사라진 장운형과 E를 두고, 도주인지 동반 자살인지 수많은 소문이 떠돈다. 그러나 그들은 끝내 돌아오지 않았다. 2년 뒤 열린 초대전에서, 누군가 그들을 닮은 남녀가 다녀갔다는 이야기가 전해지지만, 이내 흔적은 지워졌다. 그들의 실종은 결국 또 하나의 미궁이 된다.

『그대의 차가운 손』을 읽는 일은 낯선 도시의 골목을 걷는 것과도 같다. 벽에 붙은 오래된 포스터, 닫힌 창문, 사라진 사람들의 그림자가 독자를 안내한다. 장운형이 떠나간 자리에 남은 것은, 껍데기와 껍질, 그리고 인간이 끝내 숨길 수 없는 차가운 내면의 손길이다.

이 소설은 묻는다.
가면을 벗은 나의 얼굴은 어떤 모습일까. 껍데기를 벗겨낸 자리에 남는 것은 과연 무엇일까.

—신영미

삶이라는 무도회에서

현실과 비현실의 경계가 모호하다. 가짜가 너무 정교하고 세밀하다. 치밀한 가짜의 대항에 진짜가 수렁 속을 허우적대다 엿보게 되는 촘촘한 가짜의 위협에 대처 방안을 찾지 못한 채 무너져 내린다. 가담항설이나 어설픈 논리는 길고 구불구불하여 흐릿하다. 가짜는 친밀함이 적고 소통이 불가능하다. 혼자 낯선 장소에 버려진 마음 같은 것이 무의식적으로 감지된다.

《론 뮤익》전을 보았다. 론 뮤익의 작품은 친숙하고 낯선 감정을 자아낸다. 우울이 불안으로 점철되고 의기소침이 무관심으로 드러나는 얼굴들이나 남의 시선을 의식하지 않은 너무나 일상적이고 사적인 우리 이웃의 보편적인 초상이다. 들키고 싶지 않았던 내면의 은밀함이 표정으로 현현되어 지나는 시간 속에 삶의 역동이 정지되었다.

인간을 소재로 크기를 확대하거나 축소함으로 익숙한 것들이 기괴하게 와닿았다. 론 뮤익의 자화상(마스크 II)은 잠든 사이 누군가에게 얼굴 앞면이 도륙되어 그대로 박제해 놓여 있는 것 같았다. 섬세한 피부의 결이 표면과 맞닿아 눌림으로 일그러진 입이 너무나 사실적이라 소름이 돋았다. 뒤쪽은 텅 비었다. 잠시 존재한다고 느꼈던 얼굴의 실체가 착각이었음을 알았다.

가면이다. 진짜 같은 가짜다. 얼굴에서 모든 자의식이나 감정이 배제된다면 매일 바라보며 다듬는 우리의 얼굴은 그저 껍데기 가면에 불과하다는 생각을 했다. 어느 정도 나이가 되면 모든 인간에게는 껍데기가 있다는 것을 짐작할 수 있다. 껍데기는 우리를 둘러싼 모든 것이다. 각자는 자신이 고른 부속품으로 껍데기를 장식한다. 그럴싸하게 치장해서 세상에 내놓는다. 하지만 인위적인 것들로는 나를 말해주는 척도가 되지 못한다.

론 뮤익의 조각은 대부분 헐벗었다. 걸치거나 꾸미지 않았다. 잠시나마 인간의 내면을 들여다보게 한다. 물리적이고 정서적인 무게가 긴밀하게 조우하며 보는 이들을 알지 못하는 낯선 곳, 현실과 비현실의 경계에 존재하게 했다. 무표정한 얼굴, 외로움과 고독에서 오는 고립감, 인간 존재의 순간을 극적으로 표현했다.

무표정한 깊은 침묵의 껍데기 속에 담긴 소란스러움, 응시하지만 아무것도 볼 수 없는 공허함이 한없이 쓸쓸하게 한다. 전시실 인물들은 혼자만의 세상에 빠져 있다. 타인의 공감이나 이해를 바라다가 지쳐버린 표정을 통해, 타인과 함께 있을 때도 서로 완전히 이해할 수 없음을 떠올리게 한다.

일상의 한순간을 포착해 시각적 언어로 재현해 표현한 론 뮤익의 전시는 인물의 묘사와 구성을 통해 평면적으로 펼쳐진 껍데기 너머의 숨겨진 은밀한 이면을 들여다보게 하는 섬세한 작품들이었다.

론 뮤익의 전시를 보며 한강 작가의 두 번째 장편소설『그대의 차가운 손』이 생각났다. 상대방을 이해했다고 믿지만 결과적으로 오해인 경우가 많았다. 한 사람에게는 내가 볼 수 있는 면과 볼 수 없는 면이 존재한다. 밝음과 어두움, 평면적이거나 입체적인 부분, 참과 거짓이 공존하므로 사람을 면면히 살피게 된다. 미세한 표정의 변화로 진의를 읽어내려고 한다.

외상적 경험이나 뭔가 단단히 잘못된 것이 있다는 돌이킬 수 없는 결함에 대한 부정적인 생각의 뿌리가 삶에 깊고도 넓은 영향이 되어 삶을 거짓으로 살게 한다. 나의 결함이나 무능함의 실체가 드러날까 전전긍긍이다. 우리는 자신의 결함에 대한 상황 자체로부터 필사적으로 도망치고 싶어 한다. 가능하다면 속은 텅 비어 있으면서 겉만 번지르르한 견고한 껍데기를 만들고 싶어 한다.

장운형은 단순히 작품을 제작하는 것을 넘어서 사람의 외면뿐 아니라 내면의 상처를 가만히 들여다본다. 자신이 사람들로부터 도망쳐 자신만의 껍데기를 만들어낸 것처럼, 누구나 그들만의 껍데기가 있다고 생각한다. 빚어내는 것이 아닌

'라이프캐스팅' 기법으로 석고를 본떠 그 안을 텅 비게 만들어 그 인물의 온전한 껍데기를 떼어내는 작업을 한다. 누군가로부터 자신을 보호하며 진실이 새어 나와 결함을 들키거나 비밀이 탄로 나지 않을 자신만의 은밀한 은신처를 장운형은 만들고 싶어 했다. 묻어버리거나 묻힌 자신의 자아를 찾아가는 방편으로 석고라는 매체를 포착한다. 그 껍데기를 벗겨내면 온전한 내면, 스스로에게 솔직할 수 있는 내면을 발견할지도 모른다는 기대감 때문이었을까? 장운형에게 예술은 단순한 창작이 아닌 복잡한 감정과 상처를 보듬을 수 있는 행위를 보여준다.

나를 둘러싸고 있는 딱딱한 껍데기를 나오지 못하는 나의 솔직한 내면을 차가운 손으로 표현했다. 우리 신체 가운데 손만큼 솔직한 것이 있을까. 손은 만지고 느끼고 살핀다. 손으로 무엇인가를 창조하고 말한다. 손에는 환희, 슬픔, 분노라는 감정도 실려 있다. 내면이 그대로 받아들여질 때 따뜻한 손을 만난다. 손이야말로 인간 존재의 흔적을 담는다. 운형이 집착한 손은 단순한 신체의 일부가 아닌 인간의 개성과 감정의 요소를 담는 상징성을 지녔다. 하지만 석고로 떠낸 손은 감정과 경험을 온전히 담아낼 수 없었다.

자기 결함이 드러나는 상황을 필사적으로 피하려는 두 사람, 외삼촌과 E가 있다. 외삼촌은 군대에서 손가락을 사고로 잃었다. 자아가 부러졌다. 상처로 일그러진 자아가 왜곡돼 술과 폭력으로 도피하게 된다. E는 엄지에 하나가 더 있는 육손이다. 타인과의 동질성에서 벗어남이 열등감과 수치스러움으로 자아를 병들게 한다. 극도로 방어하다 보니 완벽주의, 물질주의로 현신된다. 인위적으로 생겨 자라난 자아는 높은 성취로도 열등감의 구덩이를 메울 수가 없었다. 외삼촌과 E는 다친 자아를 품고 다독이지 못했다. 자아가 결함이 되어 미성숙하게 투쟁하면서 제 스스로와 사랑하는 사람을 괴롭히며, 갔어야 할 지점에 이르지 못한다.

손가락이 잘린 삼촌도, 손가락 하나가 더 있어 떼어낸 E의 손도 타인을 기만하기 위함이 아닌 자신을 보호하기 위해 감추었다는 사실을 깨닫는다. 자신을 보호하기 위해 꼭 필요한, 저절로 생겨나는 껍질과 껍데기와 스스로 쓴 가면에 대해 이야기하는 것 같았다.

어린 시절 장운형은 가면을 쓰고 자신을 속이고 타인을 속이는 어른들을 겪으며 '어디서부터 잘못된 것일까?' 하는 질문을 가지게 된다. 타인의 시선이나 이목을 중요시하는 부모님을 보며 성장한 장운형은 진실과 가짜에 대한 경계가 허물어져 버린다.

거짓 자백을 강요받으며, 진실은 추하다는 것, 실제로 나에게 무슨 일이 일어났고 내가 무슨 감정을 느끼는 것이 중요한 것이 아닌, 상황에 잘 맞는 행동을 하고 감정의 찌꺼기를 잘 처리하는 것, 진실이란 그저 자신이 조절할 수 있는 영역임을 알게 된다.

그렇다면 사람이 살면서 항상 있는 그대로 솔직한 것이 가능할까. 껍질과 껍데기가 없는 생 날것의 모습이 가능한가, 과연 바람직한가? 있는 그대로의 모습은 무엇인가? 그런 게 있기는 한 걸까? "왜 내 삶의 가운데는 텅 비어 있는가?" 종국에는 텅 빈 마음이 고스란히 느껴져 서늘하기만 했다.

그랬던 그가 가면을 쓰고 있던 E를 만나 처음으로 사람의 얼굴에 관심을 가지게 된다. 서로에게 석고를 붓고 꺼내는 행위를 통해 서로를 꺼낸 듯한 기분이 든다는 이야기를 한다. 그때까지 껴안고 있었던 결함도 자신의 짠한 자아의 일부임을 알아보게 된다. 여전히 결함들이 그 자리에 있지만, 그냥 그 자리에서 인생을 살도록 껍데기를 깨뜨려 버리게 된다. 종국에는 외형적인 형상은 복제에 불과하며, 형태 속에 본질을 담는 것보다 껍데기 안에 담긴 것을 밖으로 꺼내 놓았을 때 찾을 수 있는 것이 '나'라는 존재가 아닐까.

어쩌면 곤충이 허물을 벗어버리고 부드럽고 연한 새로운 속살을 지닌 존재로 다시 태어나고 싶어서 실종이라는 방법을 택했는지도 모르겠다. 존재의 본질과 삶의 비밀의 통로를 찾지 못한 채 스스로를 지우는 선택을 한 걸까. 운형의 실종은 독자의 다양한 해석을 담는다. 인간과 인간이 타인과의 관계 속에서 자신을 어떻게 정의하는지, 인간 내면의 상처, 존재의 본질, 예술이 삶에 끼치는 영향을 들여다보게 한다.

《론 뮤익》전은 호주 전시에서 〈인생극장〉이라는 소제목이 붙어 있었다. 누구에게나 삶은 미궁이고, 가끔 타인이 해독해야 할 시처럼 느껴질 때가 있다. 각자가 처한 상황과 형편 속에서 저마다 자기 미궁을 살고, 거기서 스스로 자기 방식의 삶의 해독을 찾아가는 것이다.

우리는 삶이라는 무도회에서 가면을 쓰고 가장무도회를 하고 있는 건 아닐까 하는 생각을 해본다.

신영미
올라온 길도 가야 할 길도 아득하다. 그저 내려가는 길이 순탄하길 바라는 사람이다. 함께 걷는 이들의 손을 잡아줄 수 있는 다정한 사람이고 싶다. 같이 읽고 나누며 사유할 수 있어 행복한 사람이다.

《론 뮤익》전(국립현대미술관 서울관, 2025)

그대의 차가운 손, 현대 조각 앞에서

한강은 한 인터뷰에서 "라이프캐스팅 작업에서 강렬한 인상을 받았고, 그것이 『그대의 차가운 손』을 쓰는 동기가 되었다."라고 밝힌 바 있다.

조각가 김일용은 살아 있는 모델의 몸에 직접 석고를 부어 인체의 '껍데기'를 본떠내는 라이프캐스팅(Lifecasting) 기법을 사용한다. 한강의 『그대의 차가운 손』(문학과지성사, 2002) 표지 이미지는 김일용 작가의 〈손에서 뻗어나오는 몸〉 연작 중 하나다.

'라이프캐스팅' 기법을 사용한 김일용 작품이, 인체에 대한 최소한의 개입으로 있는 그대로의 '삶의 흔적'을 기록하고자 했다면, 전시회에서 본 론 뮤익의 작품은 실제보다 거대하거나 왜소한 인체를 만들어 관람자에게 낯설고도 강렬한 체험을 주며, 인간의 감정과 취약성을 극적으로 부각한다.

Tip. 국내에서는 국립현대미술관 과천관에서 다양한 현대 조각을 감상할 수 있다.

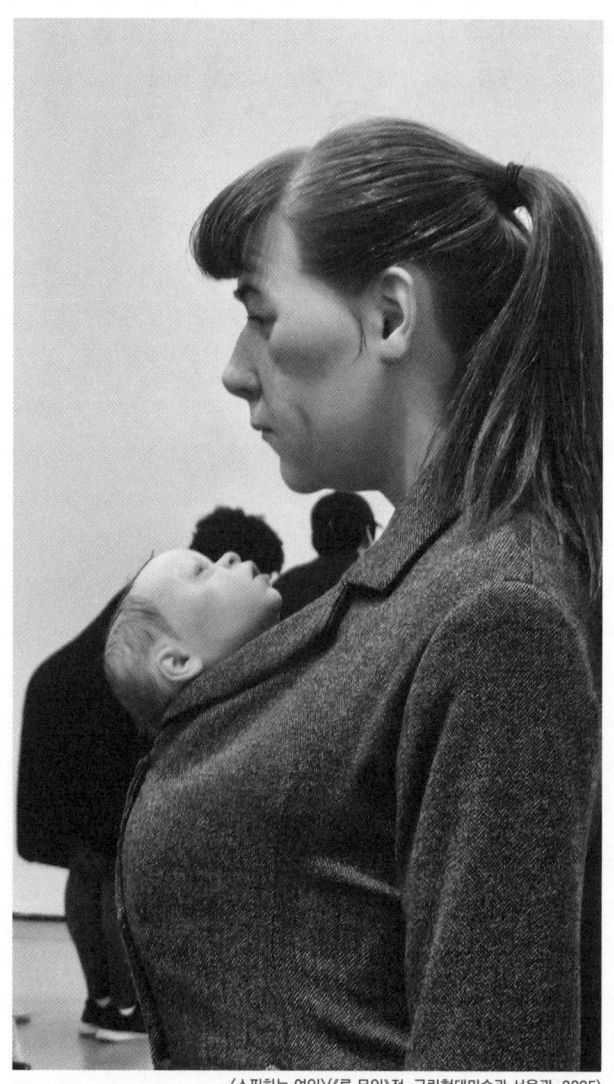
〈쇼핑하는 여인〉(《론 뮤익》전, 국립현대미술관 서울관, 2025)

『채식주의자』

작품 소개

폭력과 아름다움 사이에서

한강은 장편소설 『채식주의자』(2007, 창비)로 2016년, 한국 작가로서는 처음으로 부커 인터내셔널상을 수상했다. 심사위원단은 이 작품을 두고 "탄탄하고 정교하며 충격적인 작품으로, 독자들의 마음에 그리고 아마도 그들의 꿈에 오래도록 머물 것이다."라 평했다. 그 순간 한강은 자신의 문학뿐 아니라 한국문학 전체를 세계문학의 무대 위에 강렬히 각인시켰다.

작가는 수상 소감에서 이렇게 고백했다.

"『채식주의자』를 쓰는 동안 인간의 폭력성과 욕망에 대한 나의 끝없는 질문에 답을 완성하고자 했다. 가능한 한 그 질문 속에 머물려고 했으며, 그것은 종종 고통스럽고 힘든 일이었지만 끝까지 밀어붙이려 했다." 그리고 이어 "나의 질문을 함께 공유해 줘서 감사하다."라며, 독자와 번역자를 비롯해 자신의 질문에 귀 기울여 준 모든 이들에게 깊은 고마움을 전했다.

영국의 진보적 일간지 《가디언》은 이 작품을 두고 "놀라울 정도로 아름다운 산문과 믿을 수 없을 만큼 폭력적인 내용의 조합이 충격적이다"라고 평했다. 부커상 심사위원 중 한 명은 훗날 노벨문학상 소식을 접하고 "한강은 특별한 휴머니티의 작가이자 필수적인 목소리이며, 그의 작품은 우리 모두에게 선물"이라며 "그가 노벨위원회의 인정을 받아 정말 기쁘다. 새로운 독자들이 그의 기적 같은 작품을 발견하고 변화할 것"이라고 말했다.

『채식주의자』는 세 편의 중편 「채식주의자」, 「몽고반점」, 「나무 불꽃」으로 이루어진 연작 소설집이다[03]. 육식을 거부하며

---

03. 여러 개의 독립적인 단편·중편을 묶어, 하나의 장편 서사로 엮은 소설 형식.

나무가 되고 싶어 하는 영혜의 이야기를 중심에 두고 있지만, 흥미롭게도 독자는 영혜의 목소리가 아닌 그녀를 바라보는 남편, 형부, 언니의 시선을 통해 이야기를 접한다. 평범하게 살고 싶다는 남편의 무관심과 이기심, 사회적 규범에 맞추지 못하는 이들을 배제하는 시선, 강제로 고기를 먹이려는 가족의 폭력, 예술이라는 이름으로 덧씌워진 형부의 욕망, 언니의 억울함과 죄책감—이 모든 시선은 영혜를 해석하려 하지만 끝내 이해하지 못한다. 따라서 어떤 한 시선에 전적으로 의지하기보다는 독자 스스로 끊임없이 질문하면서 읽게 만든다.

한강은 이 작품을 두고 "따로 있을 때는 저마다의 이야기를 하고 있는 것처럼 보이지만, 합해지면 그중 어느 것도 아닌 다른 이야기—정말 하고 싶었던 이야기—가 담기는 장편소설"이라 말했다. 실제로 소설은 가족과 사회가 드러내는 폭력, 예술이 내세운 욕망, 그리고 일상의 무관심까지 폭력의 다양한 얼굴을 보여주며 인간이라는 존재의 "불안한 질문들"을 남긴다.

독자 역시 묻게 될지도 모른다.

"폭력과 아름다움이 뒤섞인 세계에서 우리는 어떻게 살아야 할까?" ↘

—김원자

제4의 시선

은행나무, 느티나무, 소나무, 버드나무, 참나무, 미루나무, 떡갈나무, 벚나무, 버즘나무, 사철나무, 단풍나무… 눈을 감고, 떠오르는 대로 나무 이름을 불러보기만 해도, 마치 아름드리나무를 껴안고 있는 듯 마음이 평안해진다. 누군가 오래 아프다는 소식을 들으면, 집 안에 작은 화분 하나라도 들여놓고 그것을 돌보라고 권하고 싶어진다. 결국 내 경험에서 비롯된 것이다.

동네에서든 여행지에서든 숲을 자주 찾게 된다. 그중에서도 다시 찾고 싶은 숲이 있다면 제주 비자림이다. 수백 년, 어쩌면 천 년에 가까운 세월 동안 묵묵히 뿌리를 내리고 서 있는 비자나무들이 모여 이루어낸 숲. 숲에 들어서면, 인공으로 급조된 숲에서는 결코 느낄 수 없는, 마치 다른 차원의 세계로 들어선 듯한 신비가 느껴진다. 천 년을 이어온 깊은 이야기 속으로 들어간 듯, 나무가 전하려는 말을 듣고 싶어 저절로 침묵하게 되는 그런 숲이다.

『희랍어 시간』에서 말을 잃어가던 여자가 가장 아꼈던 말, 숲. 『채식주의자』의 영혜도 그러지 않았을까. 그래서 숲으로 들어가 한 그루 나무가 되고 싶었던 것은 아니었을까. 하지만 내가 『채식주의자』를 처음 읽었을 때는 영혜의 마음을 이해하고 싶기보다 그저 불편함이 더 앞섰다. 육식을 거부하고 나무가 되고자 하는 그녀의 이야기를 따라가는 것만으로도 고통스러웠다.

그때 우연히 읽었던 칼럼이 있다. 첫 번째 이야기 「채식주의자」를 읽은 미국과 한국 학생들의 반응을 비교한 글이었는데, 미국 학생들은 첫 문단에서 이미 아내를 바라보는 남편의 무감각과 이기심을 간파했다고 한다. 반면 한국 학생들은 그렇지 못했다고 했다. 십여 년 전의 나 역시 그랬던 것처럼 말이다. 영혜를 보는 남편의 냉담한 시선이 불편하면서도 당연하게 받아들여졌던 것은, 어쩌면 그것이 우리 사회 다수의 시선을 그대로 반영하고 있었기 때문일지도 모른다.

두 번째 이야기 「몽고반점」에서는 비디오작가 형부의 시선으로 영혜를 본다. 몽고반점이 남아 있다는 처제 영혜의 몸을 예술과 욕망의 대상으로 삼는 형부. 자기 몸에 꽃을 그리고 싶다는 형부의 제안에 영혜는 응한다. 그리고 식물이 되고자 했던 그녀의 꿈을 순간적으로 실현하는 듯 보인다. 그러나 제안했던 형부는 정작 그러지 못했다. 예술이라는 이름으로 행해진 그의 무책임과 이기심은 아내에게 감당하기 어려운 고통과 상처를 남겼을 뿐이다. 예술가로서 자유롭게 날아오르고 싶었지만, 결정적 순간에 그는 추락조차 하지 못하는 불쌍한 인물일 뿐이었다.

영혜의 남편이 평범하게 살고 싶다는 말은 아내의 고통조차 헤아리지 않고 무관심하게 무감각하게 이기적으로 그저 편하게 살고 싶다는 말이었고, 예술을 성취하고자 몸부림치는 형부 또한 자신의 욕망으로 가까운 가족조차 소외시키고 대상화하는 이기적이고 무책임한 인물일 뿐이었다. 그에 비해 세 번째 이야기인 「나무 불꽃」에서 언니 인혜의 시선은 다르다. 처음에 그녀는 동생에게 분노했지만, 책임감 때문에 결국 돌보는 역할을 떠맡는 동안에, 동생이 아닌 자신을 향해 질문하게 된다. 살아본 적이 있었던가. 어린 시절부터 다만 견뎌온 것에 불과했던 것은 아니었을까. 언니 인혜의 고백은 한때의 내 고백처럼 들려서 더 슬펐다.

영혜는 그런 언니를 식물의 세계로 초대한다. 세상의 나무들이 모두 '형제' 같다고 하면서. 영혜로 인해 언니 역시 세상을 다르게 보기 시작한다. 아들 지우를 돌봐야 하기에 영혜의 초대에 응할 수는 없었겠지만, 인혜는 더 이상 이전과 같은 방식으로 살 수 없을 것이다. 나무가 되고자 한 영혜의 불꽃은 결국 영혜 자신만이 아니라 언니 인혜의 삶까지 다른 차원으로 변화시켰다. 어쩌면 그 불꽃을 온전히 이어받을 수 있는 작품 속 인물은 언니와 아들 지우뿐이었을지도 모른다.

작가는 원래 지우의 시선으로 4부를 구상했다고 한다. 만약 그 4부가 쓰였다면, 지우의 눈은 이전 세대와는 다른 방식으로 영혜를 바라보지 않았을까 기대하게 된다. 지우는 이모가 가족에게서 당한 폭력을 어린 눈으로 목격했을 것이다. 예술에 빠져 아들을 돌보지 않다가 결국 사라져버린 아빠, 새벽녘 산으로 목을 매러 가던 엄마의 빈자리, 그리고 그날 꿈에서 나타난 슬픈 엄마새까지, 지우에게 이런 기억은 지워지지 않는 트라우마로 남았을 것이다. 그러나 '꿈'에서 깨어나 달라진 엄마의 보살핌 속에서 성장한 지우라면,

적어도 아빠나 이모부와는 달리 이모의 선택을 존중하고 이해하려는 어른으로 자라지 않았을까. "이모, 얼마나 아팠어요?" 하고 그 누구도 묻지 않았던 질문을, 이모에게 했을지도 모른다. 그리고 이렇게 말하지 않았을까. "엄마, 이모는 정말 나무가 되고 싶었던 거야." 이처럼 상상 속에서 그려본 지우의 시선을, 영혜의 남편이나 형부, 언니와는 다른 '제4의 시선'이라 부르고 싶다.

『채식주의자』를 읽는 동안 가장 소중한 경험은 거듭 읽는 동안 내게 일어난 변화였다. '제4의 시선'을 만들어갈 수 있었던 시간이었다. 작품 속 폭력에 대해 방관자로 머무르게 될지, 자신이 벌인 가해의 흔적을 자각하게 될지, 영혜와 함께 저항하는 방식을 택하게 될지, 혹은 제4의 시선이 될지 책을 읽지 않는다면 알 수 없는 일이다. 아직 읽지 않은 분들에게 읽어보라고 권하고 싶은 이유이기도 하다.

김원자
한강 작가가 노벨문학상을 수상하지 않았다면, 한강 문학을 깊이 읽지 못하고 스쳐 지나갔을지도 모른다. 노벨위원회에 감사드린다.

제주 비자림 숲에서 『채식주의자』의 영혜처럼 나무 되기

제주 동쪽의 비자림 숲에는 수백 년을 살아온 비자나무들이 서로 기대어 서 있다. 이 길을 걷는 시간은 단순한 여행이 아니다. 『채식주의자』의 영혜처럼, 잠시나마 인간을 넘어선 존재의 길에 발을 들이는 경험을 할 수 있다. 햇살은 잎 사이로 스며들고, 새소리는 길잡이처럼 이어진다. 걷는 이의 마음은 조금씩 인간의 무게를 벗고 숲의 호흡에 젖어들게 될 것이다. 『채식주의자』의 영혜가 느낀 것처럼 형제처럼 서 있는 나무들 앞에서, 순간 '나도 나무가 되고 싶다'는 생각이 들지도 모른다. 사계절 언제나 아름답지만, 특히 비 오는 날의 숲은 특별하다. 빗물에 씻긴 나무들은 더욱 짙은 색을 띠고, 흙냄새와 잎의 향기가 여행자를 맞이한다.

비자림
제주특별자치도 제주시 구좌읍 비자숲길 55

제주시에서 차로 약 40분, 성산일출봉과 가까워 함께 둘러보기 좋다. '천 년의 숲'이라 불리며 국내 최대의 비자나무 숲은 천연기념물 제374호. 약 44만㎡ 규모의 비자나무 군락지로 2,800여 그루의 비자나무가 있으며, 그중에는 500~800년 이상된 나무도 있다.

탐방 코스

A코스: 2.2km, 약 40분. 평탄한 길로 누구나 편하게 걷기 좋다.
B코스: 3km, 약 80분. 돌길이 섞여 있어 숲의 깊이를 더 느낄 수 있다.

운영 시간 & 입장료
운영 시간: 매일 09:00~18:00(입장 마감 17:00)
입장료: 어른 3,000원 / 청소년 1,500원 / 어린이 1,000원

Tip. 숲 안에는 화장실이 없으니 입장 전 미리 이용. 여름에는 모기 기피제를 챙기면 좋다.

『바람이 분다, 가라』

작품 소개

죽음을 응시하며 묻는 삶의 의미

『바람이 분다, 가라』의 주인공 정희가 친구 인주의 죽음을 추적하면서 마주하는 것은 단순한 사건의 진실이 아니라, 삶과 죽음을 동시에 껴안아야 하는 인간의 조건이다. 이는 한강 문학이 꾸준히 천착해 온, 죽음을 응시하면서 삶의 의미를 묻는 질문의 한 정점이라 할 수 있다.

장편소설 『바람이 분다, 가라』는 겨울 새벽 미시령 고갯길에서 폭설로 인해 발생한 교통사고로 갑작스럽게 세상을 떠난 화가 서인주의 죽음을 둘러싼 이야기다. 친구 인주의 죽음을 도저히 자살로 받아들일 수 없었던 이정희는 그 이유를 밝히기 위해 그녀의 흔적을 쫓는다. 추적 과정에서 정희는 "인주가 스스로 삶을 버렸다."고 말하는 남자 강석원을 만나게 되고, 석연치 않은 방식으로 인주에 관한 책을 내는 그에게 의문을 품는다. 정희가 인주의 발자취를 따라가며 마주하는 진실 속에는 자신이 미처 알지 못했던 인주의 또 다른 모습이 숨어 있다. 한편, 강석원은 질투와 집착으로 정희를 압박하고, 또 다른 인물 류인섭을 통해 드러나는 인주의 내면은 정희의 믿음을 뒤흔든다. 결국 정희는 강석원의 광기와 인주에 대한 오해를 넘어, 친구가 살아온 삶과 죽음을 새롭게 이해하며, 자신 또한 끝내 살아내려는 의지와 마주하게 된다.

2007년 가을부터 약 1년 반 동안 계간지 《문학과사회》에 중반부가 연재되었고, 총 4년 6개월의 집필 기간을 거쳐 2010년 〈문학과지성사〉에서 출간되었다. 한강은 당시 인터뷰에서 "소설의 방식을 부수면서도, 동시에 소설의 육체를 가진 소설을 쓰고 싶었다"고 밝힌 바 있다.(《문학과사회》 2010년 봄호, 341쪽) 이는 전통적 서사 구조를 넘어서면서도 인물, 사건, 감정의 밀도를 통해 여전히 소설적 육체성을 유지하고

자 한 시도로, 한국 현대소설이 나아갈 새로운 길을 보여주었다. 출간과 동시에 큰 반향을 일으키며 제13회 동리문학상을 수상하면서 당대 한국문학에서 실험성과 서사적 힘을 동시에 인정받았다.

또한 노벨문학상 위원인 앤더스 올손은 이 작품을 두고 "보다 서사에 기반한 소설"이라 평하며, "우정과 예술성에 관한 크고 복잡한 이야기로, 슬픔과 변화에 대한 갈망이 강하게 드러난다."고 평가했다.

『바람이 분다, 가라』의 우정은 개인적 친밀성에 머무르지 않고, 죽음을 넘어서는 기억과 책임, 타자에 대한 끝없는 접근과 이해의 불가능성, 삶을 살아내려는 연대의 힘을 상징한다고 볼 수 있다. 예술 또한 정희와 죽은 인주를 이어주는 다리가 되며 우정의 매개가 된다. 하지만 예술이 구원과 치유의 가능성만이 아닌 집착과 파괴의 도구가 될 수 있다는 것도 보여준다.

한강 작가의 예술에 대한 관심은 다양하고 깊다는 것을 작품을 통해 짐작할 수 있다. 말러 교향곡 제2번 4악장 〈처음의 빛〉, 마크 로스코의 그림, 희곡 「닥쳐」, 빅뱅 이론, 천체물리학, 케플러의 세 번째 법칙 등이 작품에 등장한다. 소설은 독자에게 지적인 호기심을 자극하는 이야기들이 많다. 한강 작가는 작품을 써나가면서 그림과 음악뿐만 아니라 자연과학과 천체물리학까지 다양한 관심사를 갖고 있었다. 소설 구상 당시 제목은 '먹과 피'다. 삼촌과 인주가 그려낸 수묵화 기법은 먹의 농도를 조절해서 기다리는 방식인데, 마치 혈관 위로 피가 흐르는 것 같은 모습을 보여준다. ➤

―민윤경

작품 리뷰

바람이 분다, 그 길로_미시령으로 가는 길

욱신거리는 왼쪽 발목의 수술 자국을 가만히 손으로 만져보았다. 양말을 신을 때마다 상처 자국을 하나둘 세어 보며, 피부조직으로 수술 바늘이 통과했을 상상을 해보았다. 나는 1월에 갑작스러운 사고로 왼쪽 발목에 15개의 침을 박는 삼복사골절 환자가 되었다. 몇 분 사이의 일로 발목 세 군데가 부러지고, 걷지 못하고 목발과 휠체어에 의지할 수밖에 없는 낯선 일상이 시작되었다. 일상의 변화로 막연한 불안감이 찾아왔다. 의사는 걸을 수 있다고 했지만, 그렇지 못하면 어떡하나 싶었다. 재활만 잘하면 정상 생활을 할 수 있다고 했지만, 재활이 잘못되어 세밀한 운동조차 할 수 없는 발목을 갖게 될까 불안했다. 수술하고 회복하는 기간 동안 재활뿐만 아니라 엄마로서도 분주한 일들을 겪으며 하루하루를 보내고 있었다.

문학 읽기 모임에서 진행하는 '한강 읽기' 일정을 확인했다. 문학을 작가별로 읽고 글벗들과 나누는 금요일 저녁은 내게 일상에서도 숨을 쉬게 하는 꿈 같은 시간이다. 발목을 다치기 전에만 해도 집안 책장 위에 올려진 한강 작가의 책을 바라보는 것에 설 다. 나는 급히 수술대에 오르고 재활과 회복을 하는 동안 '한강 읽기' 모임의 시작을 함께하지 못하면서 조금씩 읽고 쓰는 일상이 무너져 갔다. 수술 직후부터 다리가 조금씩 나아가는 봄이 찾아오고 있었고, 혼자 있는 시간은 이전보다 훨씬 많았지만 읽거나 쓰고 생각하는 일들에는 오히려 무력해졌다. 아무것도 할 수 없고 하고 싶지 않다는 마음을 두고 있으면서 모임에 나가기 위한 의식 행위처럼 침대 곁에 책을 두었다.

한참 두 다리로 서고 걷기 시작할 무렵 주변 산책을 시작으로 속도를 느끼며 뛰고 싶었고, 심장박동을 느끼고 싶었다.

『바람이 분다, 가라』의 책 제목처럼 떠나서 어디론가 가는 것에 대한 바람이 불기 시작했다. 어디론가 떠나기를 주저하지 않았던 아프기 이전의 나로 돌아가고 싶었다. 나는 책을 완독하고 나서 인주가 새벽에 떠났다던 미시령으로 가보기로 했다. 한강의 책을 읽지 않았다면 인적이 드문 미시령에 갈 일이 있을까. 36도가 육박한 여름날 미시령 옛길을 내비게이션 지도에서 찾았다. 걷기 시작하고 나서의 첫 여행지가 '미시령'이라니. 낯설고 더디었던 아픈 상처를 날려버리고 싶어 충동적으로 책을 챙겨서 속초로 향했다.

처음엔 차창 밖 풍경이 익숙했다. 회색 건물, 빠르게 지나가는 사람들, 반복되는 신호로 가다 서기를 반복하며 서울을 빠져나왔다. 낯선 풍경들이 보이기 시작하면서 차창 밖의 빛도 달라졌다. 고속도로를 벗어나 설악산으로 향할수록 세상은 점점 더 낯설고 고요해지기 시작했다. 차 안이었지만 고요하면서도 빠르게 달려나갔다. 지나가는 터널 안은 마치 내 안의 시간을 통과하는 것 같았다. 터널을 하나 지날 때마다 현실은 더 희미해졌다. 마지막 터널을 빠져나왔을 때, 나는 세상과 분리된 세계의 경계에 서 있는 느낌이 들었다.

멀리 설악의 능선이 보이고, 고갯길은 점점 가팔라진다. 고도가 올라갈수록 내 마음은 더 깊은 곳으로 내려갔다. 차창을 스치는 바람이 숨결 같았고, 도로 옆에 우거지다 못해 빽빽한 숲들은 말없이 참는 나무의 고통 같았다. 나는 자꾸만 마음이 설레면서도 가라앉았다. 내 안의 침전물들이 떠다니며 마디마디를 짓눌렀다. 이미 지나온 과거인데도, 아직 끝나지 않은 이야기처럼 가슴속 덩어리가 되살아났다. 숲의 침묵은 조용히 나를 흔들었고, 나도 모르게 운전대를 두 손으로 움켜쥐었다. 두려움인지 슬픔인지 모를 감정이 가슴을 타고 올라왔다.

고개는 점점 구불구불해지고, 엔진 소리는 더 힘겹게 울렸다. 오름이 가파를수록 가속페달을 깊게 눌렀다. 180도 회전하는 숨 막히는 도로의 구부러짐이 마음속을 어지럽게 했다. 고도가 올라갈수록 하늘에 맞닿아 있는 것만 같았다. 도로 가장자리의 가드레일은 마치 이질적인 세계의 경계선 같았다. 그 경계는 위안이 아니라 외로움처럼 다가왔다.

미시령은 설악산 줄기를 넘는 대표적인 고갯길 중 하나다. 예부터 동해와 내륙을 잇는 중요한 통로였다. 고도가 높아서 길은 늘 급경사를 따라 굽이진다. 계절에 따라 완전히 다른 얼굴을 보여주는 이 길은, 특히 겨울철이면 눈과 바람으로 인해 접근하기조차 어려울 만큼 험준한 길이 된다. 현재는 인적이 뜸해서 자동차와 오토바이의 아름다운 드라이브 코스가 되었다.

자연의 아름다움 속에는 늘 고요하고 깊은 침묵이 깃들어 있다. 그 침묵은 마치 말하지 않는 누군가의 이야기 같았다. 이 고요함은 적절했다. 차창 밖에는 여름의 햇살이 무성한 나뭇잎을 통과해 무수하게 쏟아졌다. 그런데 그 따스한 햇살의 빛들이 어딘가 부자연스러웠다. 나는 무심코 창밖을 바라보다 여름의 풍경에 덧입혀지는 겨울을 상상했다. 소설 속 서인주는 눈이 많이 오는 겨울에 미시령 길을 운전했고, 미시령의 바람은 날카로웠을 것이다. 나뭇잎 대신 눈송이가 흩날렸고, 공기는 고요했지만 얼어붙은 정적이었다. 눈 덮인 고갯길은 고요 속에서 깊은 공포를 감췄을지도 모른다. 길 위에서 그녀는 얼마나 추웠을까. 육체의 떨림이 아닌 마음의 떨림, 외면했던 진실이 뼛속까지 스며드는 듯한 한기. 순간 나는 더운 한여름이었지만 한기 서린 떨림으로 걷는 듯한 기분에 사로잡혔다. 뜨거운 여름 한낮이지만 내 마음에는 서인주가 느꼈을 겨울바람이 느껴졌다. 한기 서린 떨림이 내 안의 오래된 마주할 수 없는 기억의 조각을 아프게 건드렸다.

미시령을 올라오는 길목에서 불현듯 엄마와 갔던 여행 생각이 났다. 태국을 단둘이 여행하던 처음이자 마지막이 된 모녀 여행이 떠올랐다. 엄마는 딸과의 여행이 좋았는지 평소와는 다른 들떠 하는 모습을 보여주었다. 딸이 돈을 벌어서 함께 가는 여행이라며 동승한 여행객에게 내 자랑을 늘어놓곤 하였다. 평소 자식 얘기는 남들에게 하지 않는 조용한 엄마에게선 느낄 수 없는 떨림이었다. 엄마를 향한 설렘과 떨림을 느낄 수 있었다는 것에 내 마음은 동요했고 잊지 못할 기억이었다. 지금도 순간의 기억이 생생하다. 엄마를 보내고 한동안 나는 꿈을 꾸지 못했다. 엄마가 보고 싶을 때가 많았지만, 꿈에서조차도 나오지 않는 엄마에 대해 나는 투덜거리고 원망했다. 바람처럼 훌훌 하늘로 가버린 엄마의 부재를 마주할 자신이 없어서 태국 여행 사진은 서랍 구석에서 다시 꺼내지 못했다. 엄마를 잃고 나서 조금 일상을 회복할 때 상담을 받았다. 여러 검사를 통과하며 상실을 경험한 사람이라는 것에 집중이 됐다. 상담사는 문장완성검사에 적었던 한 문장으로 내가 엄마의 부재를 받아들이지 못하고 있다고 했다. 엄마를 잃어버렸던 그날에서 벗어나지 못하고 있다고 했다. 내가 엄마를 무의식적으로 기억 바깥으로 벗어나게 만든다고 했다.

그러던 내가 미시령에 와서 엄마와의 여행을 떠올리다니 너무 신기했다. 내 안의 무의식은 아직 남아서 엄마를 희미하게라도 기억하고 싶었나 보다. 시간의 흐름을 느끼지 못하고 살아왔는데 기억은 시간에 따라 평안하게 남아 있었다.

눈길을 뚫고 미시령에 차를 몰았을 서인주의 흔적을 찾고 싶었다. 류인섭이 가지고 있던 미시령의 사진을 상상하면서 고갯길이 끝나는 지점에서 차를 세웠다. 미시령 터널이 개통되면서 옛길은 인적이 드물었고 휴게소는 폐쇄되었다. 그 자리에 주차장과 전망대가 있었다. 길은 굽이굽이 이어져 아무것도 남아 있지 않을 것처럼 보였지만, 전망대 아래로 눈을 돌리면 속초를 한눈에 담아 볼 수 있었다. 전망대에 서 있으니 살며시 여름바람이 불었다. 서인주가 가졌을 마음이 동시에 떠올랐다. 인주의 결핍된 삶의 상처들이 바람이 되어 날아갔다면, 그녀는 상처를 딛고 지켜야 할 딸을 위해 자신이 있어야 할 곳으로 돌아갈 수 있었을까. 인주가 갑자기 안쓰럽게 생각이 들었는지 나는 맥락 없는 빈말들을 계속해서 입안에서 오물거렸다. 그러곤 쓸데없이 허공에 대고 소리내 빈말들을 날려버렸다. 바람은 말없이 내 어깨를 스치고, 나는 오래도록 그 자리에 서 있고 머물렀다. 나도 인주도 상실의 바람이라는 뼛속 깊은 아픔이 느껴지지 않게 미시령은 고요했고, 여름바람은 선선하고 조용히 불어왔다.

서인주는 어릴 적부터 알코올 중독자인 어머니의 눈빛을 고통스럽게 바라보며 자라왔다. 하지만 그 고통의 실체는 자신에게 들려오지 않았다. 그녀 안에 거대한 의문과 불안으로 남아 그녀의 삶을 뒤흔들었다. 삼촌이 옆에 있으면서 그녀를 돌봤지만 전전긍긍하며 조심히 살아야 하는 삼촌의 모습을 바라보며 혼자 남겨질지도 모를 불안을 느꼈을 것이다. 삼촌의 병은 딸 민주에게도 대물림되었다.

서인주는 끝까지 사랑했던 친구 정희에게 가족에 대해 털어놓지 않고 떠나버렸다. 책을 여러 번 읽어봐도 아직도 털어놓지 못한 인주의 마음은 이해가 되지 않았다. 바라봐도 보이지 않는 달의 뒷면처럼 정희는 인주를 바라보았지만, 더

디게 뛰며 꺼져가는 친구의 심장 소리를 듣지 못했다. 자갈이 있던 바닥을 조심스럽게 내려오면서 왼쪽 발목의 시큰거림을 다시 느꼈다. 아픈 상처가 오히려 오늘도 살아 있음을 느끼게 하였다. 인제에서 고성으로 넘어가는 길목에 멍하니 서 있었다. 미시령비가 세워져 있고 사람들은 사진을 찍으며 추억을 남겼다.

『바람이 분다, 가라』를 읽고 찾아간 미시령의 여름은 소설 속 겨울처럼 바람이 세게 불거나 거센 눈발은 없었다. 그럼에도 더운 여름날에 정상에 올라 느낄 수 있는 조용한 바람이 마음을 어지럽혔다. 내게 미시령은 한강 작가의 소설 속 장소이자 아팠던 기억의 조각을 길어 올리는 곳이 되었다. 미시령에서 엄마를 떠올리면서도 서인주가 찾고 싶었던 자취를 찾아 헤매기도 하였다. 바람은 계속 고요히 불어오고 있었다. 정희가 인주의 그림자를 찾아 쫓아가듯 내 삶의 편린들을 끝까지 찾아 이해하고 싶었다. 엄마와의 조각된 시간도 꿰어내고 싶었다. 엄마가 홀연히 사라지는 순간과 갑자기 다쳐버린 발목의 수술 자국들도 모두 받아들이고 싶었다. 욱신거리는 발목을 견디며 걷고 뛰고 싶었다. 미시령 옛 길을 따라 정상에 오르면 바람처럼 투명해지는 것 같았다.

이제야 내가 해야 할 일들이 생각났다. 시큰거리는 발목 안 15개의 침을 의지 삼아 길을 다시 걸으며 살아가는 것이라고. 다시금 몰아칠 여정을 새로이 떠나며 살아낼 것이라고. 바람이 또 분다면 그 길로.

민윤경
읽고 쓰는 것에 마음을 두고 살아간다. 클래식 음악이 주는 매력에 빠져 있다. 학교 도서관에서 초등학생들과 지내며 어린이의 삶에 관심이 있다.

작품 리뷰

마크 로스코와 한강

한낮의 뉴욕 거리는 맹렬한 햇빛을 받아 이글거리고 있었다. 내리쬐는 태양의 기세를 느끼며 걷고 또 걸었다. 격자무늬처럼 펼쳐진 뉴욕 거리는 여행자에게 미로나 다름없었다. 미로에서 길을 잃지 않기 위한 나만의 여행 지도가 필요했다. 이른바 '작가의 발자취를 따라가는 여정'을 위한 지도. 뉴욕에서 활동한 작가의 자취를 수집하듯, 찾아다녔다. 작가는 세상을 떠나도 장소는 남는다. 시간이 흐르면 장소도 나이를 먹는다. 모습은 달라지지만, 그곳에 머물던 작가를 상상할 때 그는 박제된 이름이 아니라 숨 쉬던 사람으로 다가온다. 그가 눈에 담았을 풍경을 마음에 담으며 작가와의 거리를 좁힐 때, 작품도 조금 더 가까워지는 것만 같다.

화가의 작업실도 다르지 않다. 러시아에서 태어나 아홉 살에 가족과 함께 미국으로 망명한 화가, 마크 로스코. 그의 마지막 작업실 스튜디오가 뉴욕 맨해튼 어퍼 이스트에 있다. 한강의 시 「마크 로스코와 나」에 나온 대로 그는 그곳에서 삶을 마감했다. 한강은 마크 로스코의 죽음과 자신의 출생 사이에 있는 9개월여의 시간을 생각하며 시를 썼다. 1970년 2월 25일 로스코가 세상을 떠난 뒤, 같은 해 11월에 한강이 태어났다. 로스코의 죽음과 한강의 탄생이 이어지는 그 시간을 생각하며 발걸음을 재촉했다.

스튜디오가 위치한 거리로 꺾어 들어가니, 아우성치는 열기가 잠시 가라앉은 것처럼 정적마저 느껴졌다. 조금 더 길을 따라 걸으니 붉은빛이 감도는 갈색 벽돌 건물이 나타났다. 주소와 건물에 적힌 숫자가 일치했다. 드디어 찾았다는 안도감이 밀려왔다. 잠시 쉬어간다는 기분으로 갤러리에 걸린 그림을 응시하듯이 건물을 바라보았다. 건물 위에 드리워진 나무 그림자가 잔잔하게 일렁였다. 지나가는 사람이 드문 한

적한 거리에서 건물을 앞에 두고 가까이 갔다가 뒤로 갔다 하면서 최대한 눈에 담았다. 갈색 집 중앙에는 검정 아치문이 굳게 다문 입처럼 닫혀 있었다. 빛바랜 금빛 손잡이를 조심스럽게 움직여 봤으나 문은 열리지 않았다. 현재 사유지로 쓰인다는 건물에서 마크 로스코의 '마지막 스튜디오'라는 어떤 표식이나 흔적도 찾을 수 없었다. 모르면 그냥 지나칠 수 있을 만큼, 다른 건물들과 구별 없이 서 있었다. 이상하게 쓸쓸한 느낌이 들었다.

양쪽 손목을 칼로 그은 마크 로스코는 1970년 2월 25일 아침, 그의 조수에 의해 발견되었다. 그의 작업실에 딸린 부엌에서. 한강은 상상한다. 춥고 추운 2월에 한 생명은 흙 속에 묻혔고 다른 한 생명은 따뜻한 자궁에 맺혔을 것이라고. 마크 로스코의 마지막 순간이 한강에게는 시작의 순간이 된다. 동떨어져 보이는 죽음과 출생, 끝과 시작 사이를 하나의 선으로 잇듯이, 연결한다. 어디선가 태어나고 있는 생명을 죽음이 예고한다는 듯이. 한강은 한 점 생명으로서 시작되는 순간을 마크 로스코의 죽음과 연결하면서 의미를 부여한다. 희미한 우연에 상상력을 더해 언어화될 때, 관계없던 사이에 의미가 생겨난다. 「마크 로스코와 나」라는 제목으로 시 두 편을 쓰고 소설 『바람이 분다, 가라』에 마크 로스코를 등장시킬 만큼 의미가 각별해 보인다. 한강은 마크 로스코의 작품에서 무엇을 보았을까?

마크 로스코의 그림은 색이 색을 향해 번져, 색 면의 가장자리 경계가 희미하다. 붓 대신 스펀지를 이용하여 번지는 효과를 나타낸 그림은 마치 감정이 서로에게 스며드는 것처럼 색채가 모호하다. 색과 색이 겹쳐 어떤 색이라고 단정 짓기 어렵다. 여러 감정이 동시에 들면 어떤 감정이라고 명확히 말하기 곤란하듯이. 자신의 관심은 오직 인간의 감정뿐이라고 말했던 마크 로스코는 여러 감정을 단순한 구도의 사각형 색 화면에 담았다. 정적이고 침묵하는 듯한 비구상 화면에서 어떤 감정을 보고 느낄지는 관객의 몫이다. 어떤 관객은 그림을 보면서 눈물을 흘린다. 복잡함을 단순하게 압축하고 그것을 보는 사람에게 강렬한 감정을 느끼게 하는 것. 한강이 주목한 마크 로스코의 작품 의미였을까?

마크 로스코의 스며들고 번지는 기법은 소설 『바람이 분다, 가라』에 등장하는 먹그림을 연상시킨다. 인체의 모세혈관 같은 세밀한 조직의 한지에 물을 뿌리면 물길이 조성되어 먹을 밀고 번져나간다. 마치 피가 모세혈관을 흐르는 것처럼 먹이 종이를 타고 흐른다. 종이에 먹이 번지며 만들어낸 형상은 흡사 별이 탄생하는 모습을 닮았다. 압축된 한 점이 폭발하여 별이 태어나듯이, 먹그림은 우주를 형상화한다. 한강은 소설 『바람이 분다, 가라』의 제목을 처음에 '먹과 피'로 구상했다고 한다. 먹이 우주의 무한함 속에 존재의 생성과 소멸, 정신의 세계를 상징한다면, 피는 인간 조건으로 육체를 지닌 인간을 상징한다. 피를 흘리며 사는 존재 인간에게 피는 우리 안에 강렬한 무언가를 불러일으킨다.

마크 로스코의 그림이 우리 안의 무언가를 건드려 눈물을 흘리게 한다면, 그것은 그의 그림에 영혼의 피가 흐르고 있기 때문일 것이다. 「마크 로스코와 나」에서 마크 로스코의 죽음과 자신의 탄생을 연결 지었듯, 한강은 자신의 실핏줄 속에 그의 영혼의 피가 스며들고 번진다고 쓴다. 그 피는 삶과 죽음의 경계 어딘가에 있다. 한 생명이 벌어진 틈 사이로 어둠과 빛을 가르며 세상에 나올 때 흘리는 피, 손목을 그어 벌어진 틈에서 스며 나오는 피. 그것은 한 사람의 삶이고, 한 화폭의 그림이며, 한 문장의 시다.

—김성민

뉴욕 맨해튼에 위치한 마크 로스코의 마지막 스튜디오

미시령 옛길

눈 덮인 미시령은 험난하고 어려운 산속 고개다. 『바람이 분다, 가라』에서 인주의 엄마가 탄 버스가 벼랑에 걸린 사고가 이곳에서 벌어졌고, 새벽녘 눈 내리는 길을 차를 몰고 떠난 인주는 끝내 이곳에서 죽음에 이른다. 작품 속 미시령은 단순한 길이 아니라, 죽음과 삶의 경계가 맞부딪히는 상징적 공간이다.

미시령 옛길
위치: 강원 고성군 토성면 원암리 ↔ 강원 인제군 북면 용대리

미시령은 원래 인제와 고성을 잇는 험한 고갯길이었다. 2006년 미시령 터널이 뚫린 뒤로는 교통량이 크게 줄어 지금은 '미시령 옛길'이라 불린다. 지금은 주로 드라이브 코스로 찾는 이들이 많지만, 날씨에 따라 통제가 될 만큼 여전히 위험한 길이다.

정상에서 만나는 풍경
옛 미시령 휴게소 자리에는 지금 미시령 탐방지원센터가 있다. 이곳에서는 미시령의 역사와 문헌 속 기록, 고성 8경과 인제 8경을 확인할 수 있다. 전망대에 서면 속초 시내가 한눈에 들어오고, 촛대바위와 울산바위가 장엄하게 펼쳐진다. 구불구불 오르는 길 끝에서 마주하는 풍광은 소설 속 죽음의 긴장과는 달리, 웅대한 자연의 장엄함을 드러낸다.

이름에 담긴 이야기
『신증동국여지승람』에는 미시파령彌時坡嶺으로 기록되어 있는데, '시간을 많이 잡아먹는 고개'라는 뜻이다. → 이것이 미시령의 어원으로 추정된다. 이후 통행이 많아지면서 관에서 미시령彌矢嶺이라 불렀고, 『증보문헌비고』에는 연수파령連水波嶺, 『택리지』에는 연수령延壽嶺으로 기록되기도 했다. 한 고개에 얽힌 다양한 이름들이 미시령의 험난함과 역사성을 전한다.

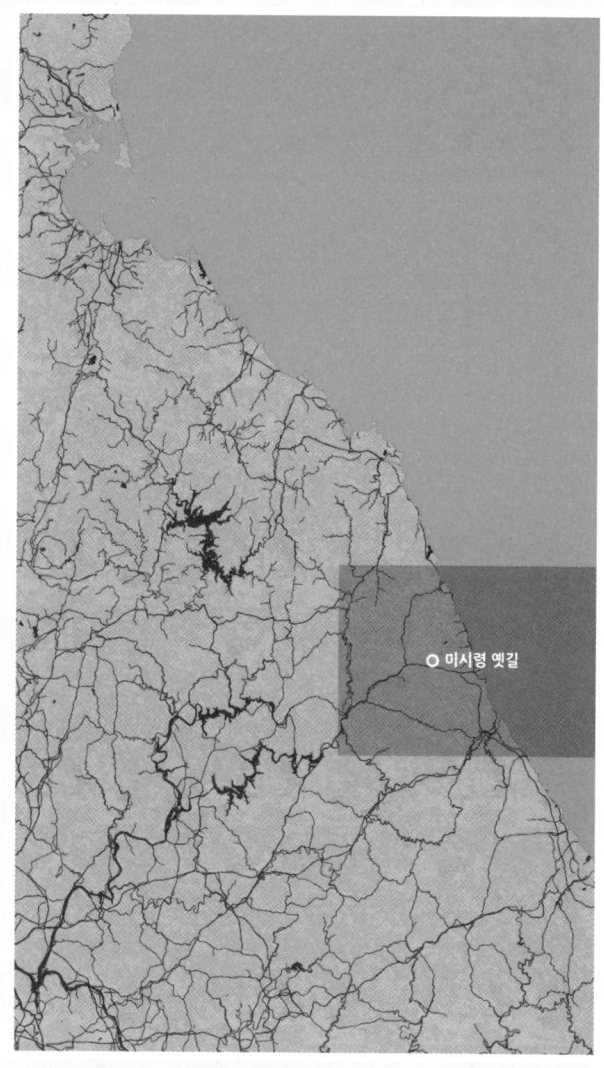

수유리와 한강

작가가 열한 살에 서울로 이사한 후 살게 된 곳은 수유리(강북구 수유4동)이다.

북한산 자락에 기댄 수유리는, 한강 작가가 열한 살 무렵부터 20대 후반까지 살았던 곳이다. 이곳에서 작가는 오랜 시간 글을 준비했고, 대학 시절과 젊은 날의 방황을 통과했다. 작가에게 수유리는 "'집'이라고 했을 때 가장 먼저 떠오르는" 장소이자 "언젠가 돌아가고 싶은 곳"이라고 한다.

작가가 5·18민주화운동 사진첩을 본 곳도 수유리 집에서였다. 한강의 소설에는 수유리가 배경인 작품이 있다. 골목길을 따라 걷다 보면, 오래된 주택과 서점, 허름한 찻집과 시장 풍경이 문득 그의 소설 속 인물들을 떠올리게 한다.

『바람이 분다, 가라』(2010년)에서 이정희와 서인주는 수유리의 같은 골목에서 살았다. 서인주가 마지막으로 이사해서 딸과 일 년간 살았던 동네이며, 작업실이 있던 장소이기도 하다. 『희랍어 시간』(2011년)에서는 남자가 인수봉과 백운대라는 두 개의 흰 바위 봉우리를 올려다보며 자랐다는 내용과 남자가 독일에 사는 여동생에게 수유리 집을 기억하느냐며 편지를 쓰기도 했다. 『노랑무늬영원』(2012년)에서 '나'는 수유리에서 가까운 북한산을 오르내린다.

이곳에는 또한 4·19민주묘지가 자리하고 있다. 젊은 죽음이 모여 있는 그 언덕은 한강의 작품 세계에서 반복적으로 등장하는 상실과 애도의 정서와 겹쳐진다. "흰빛"의 이미지, 기억의 그림자, 죽음 너머의 재생을 향한 문장들은 어쩌면 수유리의 공기와 땅에서 피어난 것일지 모른다.

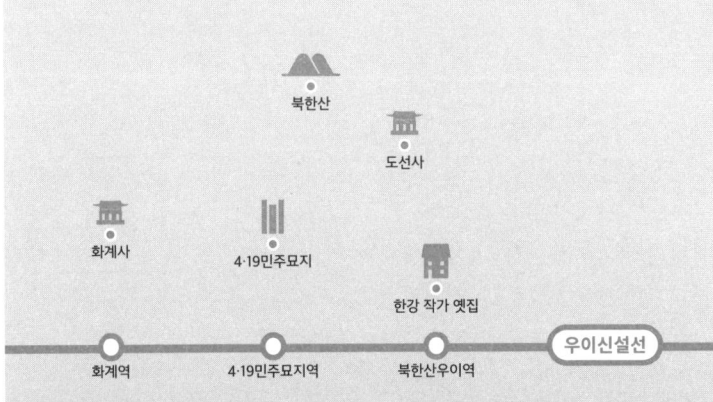

『희랍어 시간』

작품 소개

연약한 존재의 아름다움

2008년 가을, 한강 작가에게 슬럼프가 찾아왔다. 소설에 대한 고민이 깊어질수록 문장 한 줄을 쓰는 것도 어려웠다. 소설 『바람이 분다, 가라』를 집필하던 중이었다. 글을 쓸 수 없었던 작가는 자신 앞에 놓인 어려움을 또 다른 글을 씀으로써 힘겹게 뚫고 나아갔다. 그것이 장편소설 『희랍어 시간』의 시작이었다.

시력을 잃어가는 남자와 말을 잃은 여자가 있다. 남자는 독일의 가족과 떨어져 한국으로 돌아와, 희랍어를 가르치며 홀로 지낸다. 이혼 후 아홉 살 난 아이의 양육권을 빼앗기고, 침묵 속에 갇힌 여자는 잃어버린 언어를 찾기 위해 희랍어를 배운다. 이제는 죽어버린, 그러나 지구상에서 가장 오래되고 함축적인 언어, 희랍어를 매개로 두 사람은 서로에게 서서히 다가간다. 구원 없는 세상에서 가장 연한 존재로 살아가던 그들은 찰나에 서로의 빛이 된다.

절실한 질문을 견디고 그 질문을 온몸으로 살아낸 끝에 장편소설을 완성할 수 있었다는 작가는, 『희랍어 시간』을 통해 우리에게 속삭인다. 서로의 가장 쓸쓸하고 연한 부분을 들여다보며 그 온기를 어루만질 때, 우리는 비로소 이 세상을 살아갈 수 있지 않겠느냐고.

『희랍어 시간』은 200쪽이 채 되지 않는, 비교적 짧은 장편소설이다. 문장은 군더더기 없이 간명하고, 페이지와 페이지 사이, 문장과 문장 사이에는 침묵 같은 여백이 놓여 있다. 이탤릭체로 기울어진 문장들은 조용히 속삭이는 입술을 닮았다. 정황과 감정을 정확히 옮기기 위한 작가의 시도다. 아름다운 문장을 읽다 보면, 시를 읽듯 천천히 음미하게 되고, 작품에 빠져들수록 페이지를 넘기는 손길은 자꾸만 느려진다. 이 작품이 "시적인 산문"이라 불리며 많은 독자들의 사랑을 받는 이유가 여기에 있는 것이 아닐까.

소설은 총 22개의 장으로 구성되어 있고, 각 장마다 1부터 차례로 번호가 붙는다. 소제목이 있는 장과 없는 장이 교차하며, 마지막 장의 번호는 22가 아닌 '0'이다. 그 '0'은 끝이 아니라 다시 시작점으로 돌아가게 하는 순환의 기호이자, 소멸 속에서도 새로이 살아내려는 존재의 숨결을 상징하는 것이 아닐까. 책을 덮고 나면, 끝내 '0'으로 돌아간 의미를 오래 곱씹게 된다.

한강 작가는 『희랍어 시간』의 초고를 쓴 후에야, 중단되었던 소설 『바람이 분다, 가라』를 다시 집필할 수 있었다고 한다. 글쓰기로 삶을 끌어안으며 나아가는 작가의 모습이 더욱 또렷하게 다가온다. ➷

—강효진

화계사에 비가 내리면

막상 화계사를 눈앞에 두고서야, 나는 내가 왜 이곳까지 왔는지 알 수 없었다. 끝끝내 아무것도 보지 못하고 돌아서게 될까 봐 두려웠다. 점점 시력을 잃어가는 남자와 말을 잃은 여자가 이제는 사용할 수도 없는 고대 희랍어의 희미한 세계에서 만나, 언어 없이도 오히려 더욱 깊이 접촉할 수 있었던 까닭을. 그것을 굳이 화계사에서 찾으려 했던 내가 어리석었던 건지도 몰랐다.

그 남자가 찾아갔던 날처럼, 연등의 불빛이 성스럽게 번지는 초파일 밤도 아니었다. 7월, 폭염의 아침. 하늘은 잔뜩 흐려 있었고, 회색 구름이 일주문을 무겁게 짓누르고 있었다. 아쉬운 대로 일주문부터 사진을 찍었는데, 뭔가 이상했다. 짙은 안개가 낀 듯 사진은 뿌옇게 흐려 있었다. 핸드폰 카메라 렌즈를 치맛자락에 닦아봐도 아무 소용이 없었다. 전날, 핸드폰을 물에 빠뜨리고 나서부터 9년째 사용하던 핸드폰이 제대로 작동하지 않고 있었다.

망연히 범종각을 바라보다가 450살도 넘었다는 세 그루 느티나무 그늘을 지나 불자들이 부처님께 절을 올리는 대적광전 법당 앞에 섰다. 가만히 울려 퍼지는 맑은 목탁 소리와 스님의 경건한 염불에 귀를 기울이다 보니, 어느새 저절로 눈이 감겼다. 눈을 감으니, 들이쉬는 숨결을 따라 은은한 향내가 스며들었다. 남자가 곁에 있었다면, 분명 나처럼 눈을 감고서 이 모든 소리와 향기를 섬세하게 감각했을 것이다.

조금 더 걸어가니, 성글게 짠 검은 그늘막이 쳐진 너른 마당 끝에 아담한 마루가 놓인 보화루가 자리하고 있었다. 세월의 손길에 반들반들해진 마루에 앉아 고개를 드니 대웅전이 보였고, 열린 문 사이로 정좌한 석가모니 부처님상이 조그맣게 나를 내려다보고 있었다. 조금 더 고개를 들자, 그늘막 너머로 대웅전 지붕 위에 펼쳐진 산 능선과 자신만의 방향으로 가지를 뻗어나간 소나무 두 그루의 실루엣이 드러났다. 그늘막에 비친 여름 산과 상록수는 계절에 어울리지 않게 어두운 회색빛을 띠었다.

그때 알았다. 남자와 여자가 함께 화계사에 왔다면, 나처럼 여기 마루에 나란히 앉아 같은 풍경을 올려다보았으리라는 것을. 누구에게도 상처를 낼 수 없을 만큼 손톱을 바짝 깎은 여자는, 남자의 손바닥에 '숲'이라고, 또 '소나무'라고 적어주었을 것이다. 남자는 어스름한 시선을 더 어둡게 만드는 그늘막 너머로, 희미한 실루엣을 더듬더듬 바라보며 어두침침한 숲과 솔잎에 가장 생생한 초록을 덧입혔을 것이다. 여자는 왼손으로 남자의 오른손을 받치고, 오른쪽 손가락으로 '대웅전'이라고, 다시 '석가모니 불상'이라고 천천히 적어주었을 것이다. 그러면 남자는 기억을 더듬어, 날아갈 듯 치솟은 대웅전 처마에 겹겹이 화려한 오방색을 칠했을 것이다. 흐릿한 불상에는 따뜻한 금빛을 곱게 입혔을 것이다.

오직 두 사람만이 머무를 수 있는 이데아에서, 남자와 여자는 각자의 방식으로 가장 아름다운 빛을 동시에 목격했을 것이다. 이 세상에 완전한 것이란 영원히 없음을 이미 알고 있는 그들은, 서로의 아픔을 남루한 자신의 세계에 비추어 보며 그 어긋난 틈을 조심스레 어루만졌을 것이다. 어쩌면 이데아란, 이 고통스러운 세상을 살아가는 이들이 자신처럼 세상을 견디고 있는 또 다른 이의 보이지 않는 마음을 어떻게든 읽어내려는 애씀이 만드는, 미약하지만 분명한 빛인지도 모른다.

그때, 가쁜 숨을 쉬며 다가온 한 여성이 배낭을 내려놓으며 보화루 마루 끝에 걸터앉았다. 그녀는 잠시 숨을 고르는가 싶더니 공양함에 다가가 분홍색 연꽃 양초에 불을 붙이고는 대웅전 부처님을 향하여 두 손을 모아 기도를 올렸다. 고개를 숙인 채 합장하고 있는 그녀에게서 나는 눈을 뗄 수가 없었다. 매일의 노동을 묵묵히 견뎌온 듯 단단해 보이는 어깨와 다소곳이 두 다리를 모으고 선 그녀의 뒷모습에서, 간절히 기도하는 목소리가 들리는 것 같았다.

생전 처음으로, 나도 촛불 공양을 올리고 싶어졌다. 그녀를 따라서 기도하면, 내 기도가 구름 낀 하늘보다 더 높은 곳,

혹은 내가 딛고 선 땅보다 더 깊은 곳까지도 닿을 수 있을 것 같았다. 지금이 아니면 그런 기도를 다시는 할 수 없을 것만 같았다. 그러나, 내 지갑엔 신용카드 두 장뿐이었다.

공양을 마치고 다시 마루에 앉은 그녀의 고요한 얼굴을 보는 순간, 나답지 않은 용기가 불쑥 솟았다. 그녀에게 조심스레 다가가, 만 원만 빌릴 수 있겠느냐고 물었다. 말을 꺼내고 나니 얼굴이 붉어졌다.

"공양하시려는 거지요?" 그녀는 담담한 눈빛으로 되물었다. 내가 크게 고개를 끄덕이자, 그녀는 아무렇지도 않게 만 원 한 장을 내밀었다. 어찌나 고맙던지, 허리를 깊이 숙여 인사를 했다. 기도하는 마음을 누구보다 잘 아는 그녀였기에 내 마음을 읽어준 것임을 나는 알 수 있었다.

공양하려니, 처음이라 그런지 조금 떨렸다. 먼저 대웅전의 부처님을 향해 합장하고 절을 올렸다. 선뜻 내 마음을 알아준, 너그러운 그녀의 모습을 떠올리며 고맙게 받은 돈을 공양함에 넣었다. 만 원이면 예쁜 연꽃 양초 두 개를 공양할 수 있었다. 양초에는 공양을 올리는 불자의 이름과 발원 내

용을 적을 수 있는 라벨이 붙어 있었다. 하나는 우리 가족의 이름을 적고, 모두의 건강을 빌었다. 다른 하나는 『희랍어 시간』 속 남자와 여자, 그리고 나처럼 여리고 약한 존재들, 삶을 살아가는 동안 크고 작은 상실을 견뎌야 하는 이들을 위해 올리고 싶었다. 뭐라고 적을까 한참을 고심하다가, 한 글자씩 천천히 적어나갔다.

양초 두 개에 불을 붙이고, 그녀의 촛불 옆에 내가 올리는 연꽃 촛불을 나란히 두었다. 그리고 다시 한 발 물러나 부처님을 향해 두 손을 모았다. 참 이상한 일이었다. 단지 두 손을 모았을 뿐인데, 저절로 눈이 감기고 고개가 숙여졌다. 간절한 마음이 되었다. 모은 두 손을 좀처럼 내려놓을 수 없었다.

한참을 기도하고, 다시 보화루 마루에 앉았다. 언제까지고 이렇게 있어도 좋겠다는 생각에 두 다리를 길게 뻗었다. 그러다 문득, 주변을 두리번거렸다. 어깨와 등을 웅크리고 숨소리마저 침묵 속에 묻어두었던 여자가 후우, 참았던 숨을 조심스레 내쉬는 기척이 느껴졌다.

보슬비였다. 화계역까지 1km는 걸어야 하는데, 우산도 없이 어쩌나 싶어 갑자기 막막했다. 비에 젖은 꼴로 지하철을 세 번 갈아타고, 다시 고속버스를 타고 용인까지 가는 상상만으로도 온몸이 눅눅해지는 것 같았다. 조금 전까지만 해도 처마 낮은 대방 마루에 오래도록 앉아 있고 싶었으면서, 이제는 이곳을 벗어나지 못할까 봐 마음이 조급해졌다. 공양을 하던 사람들도 하나둘 우산을 펴 들고 급히 마당을 빠져나갔다. 일기예보는 나만 놓친 걸까. 지나가는 사람들 손엔 어쩜 그리도 하나같이 우산이 들려 있는지.

오도 가도 못한 채, 하릴없이 내리는 비를 바라보았다. 처마 끝에서 여린 빗방울이 천천히, 똑똑 떨어졌다. 그보다 더 느리게, 처마 아래 흙바닥엔 빗물이 고여 작디작은 물웅덩이가 생겨났다. 오가는 사람 하나 없고, 목탁 소리마저 들리지 않았다. 시간이 멈춘 듯, 빗소리만이 천천히 귓가를 적셨다. 나도 모르게 신발을 벗고 두 팔로 무릎을 감싸안았다.

그 순간, 나 홀로 앉아 있던 마루는 천천히, 심해의 숲 깊은 곳을 향해 가라앉았다. 언젠가는 완전히 시력을 잃고 막막한 어둠을 마주하게 될 남자와 말을 잃고 기척과 침묵으로 살아가던 여자의 입술이 맞닿은 곳. 칼날처럼 심장을 찌

르거나, 오해의 미로 속에서 길을 잃게 하는 말이 필요 없는 곳. 오직 서로의 존재를 입술의 온기로, 심장박동으로 느낄 수 있는 곳. 입술이 어긋날 때마다 다시 서로의 가장 연한 곳을 찾아 눈을 감고 뺨을 문지르는 곳. 그늘진 빗소리에 온몸이 젖어 드는 것만 같았다.

이대로 비를 맞으며 집으로 돌아가는 것도 나쁘지 않겠다는 생각이 들었다. 비에 젖은 옷은 벗어 말리고, 머리카락은 수건으로 닦으면 된다. 추우면 따뜻한 차를 마시고, 곁에 있는 사람의 온기에 기대면 된다. 그 사람의 온기가 부족하다면, 나의 덜 덥혀진 체온을 더하면 된다. 세상은 덧없지만, 그렇기에 서로에게 기대어 살아가는 일은 꿈만큼이나 아름답다는 것을 잊지 않으면 된다.

생각의 파도가 여기까지 밀려들었을 무렵, 가만히 눈을 떴다. 비는 이미 그쳐 있었다. 한 시절을 흘려보낸 듯한 마루에서 천천히 몸을 일으켰다.

계단을 올라 대웅전 앞에 섰을 때, 뜻밖에도 왈칵 눈물이 솟았다. 대웅전과 명부전 사이 회색빛 하늘 아래, 세상을 떠난 이들의 극락왕생을 빌며 겹겹이 걸린 하얀 지등들이 불현듯 빛나고 있었다. 날이 저문 뒤 바람에 흔들리던 지등을 바라보던 남자의 시선이 나의 눈물에 맞닿아 번져갔다.

그 순간, 나 역시 실감하게 되었다. 지등의 흰빛은 그대로 성스러운 색채라는 것을. 누군가를 위한 기도는 흐린 날에도 아름다운 빛을 번지게 한다는 것을. 이 환한 빛을 목격하기 위하여 나는 이곳까지 온 것이었을까. 남자와 여자에게도, 지등의 이 환한 빛만큼은 가 닿을 것이었다. 꽃밭에는 보랏빛 도라지꽃들 사이를 흰나비들이 너울거리고 있었다.

일주문을 나서기 전, 습관처럼 핸드폰 렌즈를 치맛자락으로 문질러 닦고 푸르게 우거진 사찰 풍경을 담았다. 하늘에 드리운 회색 구름은 걷혀가고 있었지만, 사진 속 화계사는 여전히 뿌옇기만 했다. 무심코 핸드폰을 들여다본 순간, 세상에, 렌즈엔 송골송골 미세한 습기가 잔뜩 맺혀 있었다. 내가 보화루 마루에서 아무도 모르게 심해의 숲에 다녀왔다는 증거가, 거기 비밀스레 남아 있었다.

강효진

책을 읽다가 문장의 모퉁이에서 샛길로 빠지는 것이 특기, 일상의 사소한 순간들을 일기장에 차곡차곡 수집해 두는 것은 오랜 습관이다. 에세이 『오늘도 나를 대접합니다』를 썼다.

희랍어 시간, 화계사

한강 작가가 첫 장편소설을 출간한 직후, 아이오와대학 국제 창작프로그램에 참가해 3개월간 미국에서 지냈던 시절을 담은 에세이 『사랑과, 사랑을 둘러싼 것들』에는 스치듯 화계사가 언급된다. 타국에서 지내는 동안 한국이 그리울 때면, 처마 낮은 대중방이 있던 집 근처 화계사를 떠올렸다고. 그 짧은 문장이 한강 작가의 목소리처럼 느껴져, 나는 몇 번이고 그 부분을 펼쳐 읽었다. 그러면 『희랍어 시간』의 남자가 대중방 마루에 앉아 붉고 흰 지등 불빛이 바람에 흔들려 번지는 것을 가만히 바라보던 모습이 겹쳐졌다.

화계사로 가는 길. 우이신설선 화계역 2번 출구를 나와 화계사 방향으로 걸음을 옮겼다. 그 길에 작은 카페가 보여 먼저 커피 한 잔을 사서 손에 들었다. 향긋한 커피 한 모금에 발걸음이 한결 가벼워졌다. 카페 창가에서 달랑거리는 풍경 소리, 주택 1층에 자리한 옷 수선집, 빌라 앞마당 배관을 타고 오른 나무, 식당 앞에 동글납작하게 빚어 내놓은 청국장…. 지루할 것만 같았던 700미터는 순식간에 지나, 어느새 화계중학교 앞. 그 옆으로 용이 기둥을 받친 삼각산 화계사 일주문이 눈앞에 나타났다.

오랜 세월을 품고 있는 사찰에 지하철과 버스만으로 어렵지 않게 닿을 수 있다니. 도심에서 멀지 않다는 점만으로도 화계사는 매력적이다. 그러나 진정한 아름다움은 일주문을 지나서야 드러난다. 사찰의 품속으로 몇 걸음만 들어서면, 방금 지나온 도시의 풍경은 어느새 아스라해진다. 산자락에서 흘러오는 계곡물 소리, 사찰을 감싸는 북한산(북한산의 세 봉우리 백운대, 인수봉, 만경봉이 병풍처럼 모여있다 하여 예로부터 삼각산이라 불렸다.)의 짙은 숨결, 그리고 불경을 외는 스님의 가만한 목소리가 조급했던 발걸음에 천천한 리듬을 불어넣는다.

화계사

고려 광종 때 왕사와 국사를 지낸 탄문대사가 현재의 화계사 인근 부허동浮虛洞에 보덕암을 창건했다. 이후 조선 중종 17년(1522년)에 신월선사가 화계동華溪洞으로 옮겨 짓고, 화계사로 개명했다. 고종 3년(1866년)에는 흥선대원군의 시주를 받아 오랜 세월을 보내며 쇠락한 사찰을 중수하기도 했다. 그런 인연으로 사찰 곳곳에는 흥선대원군의 친필 현판들이 남아 있다. (출처: 화계사 홈페이지)

Tip. 4호선 수유역 3번 출구에서 02번 마을버스 타고 가는 방법

Tip. 151번, 121번, 1165번 버스를 타고 가는 방법

『소년이 온다』

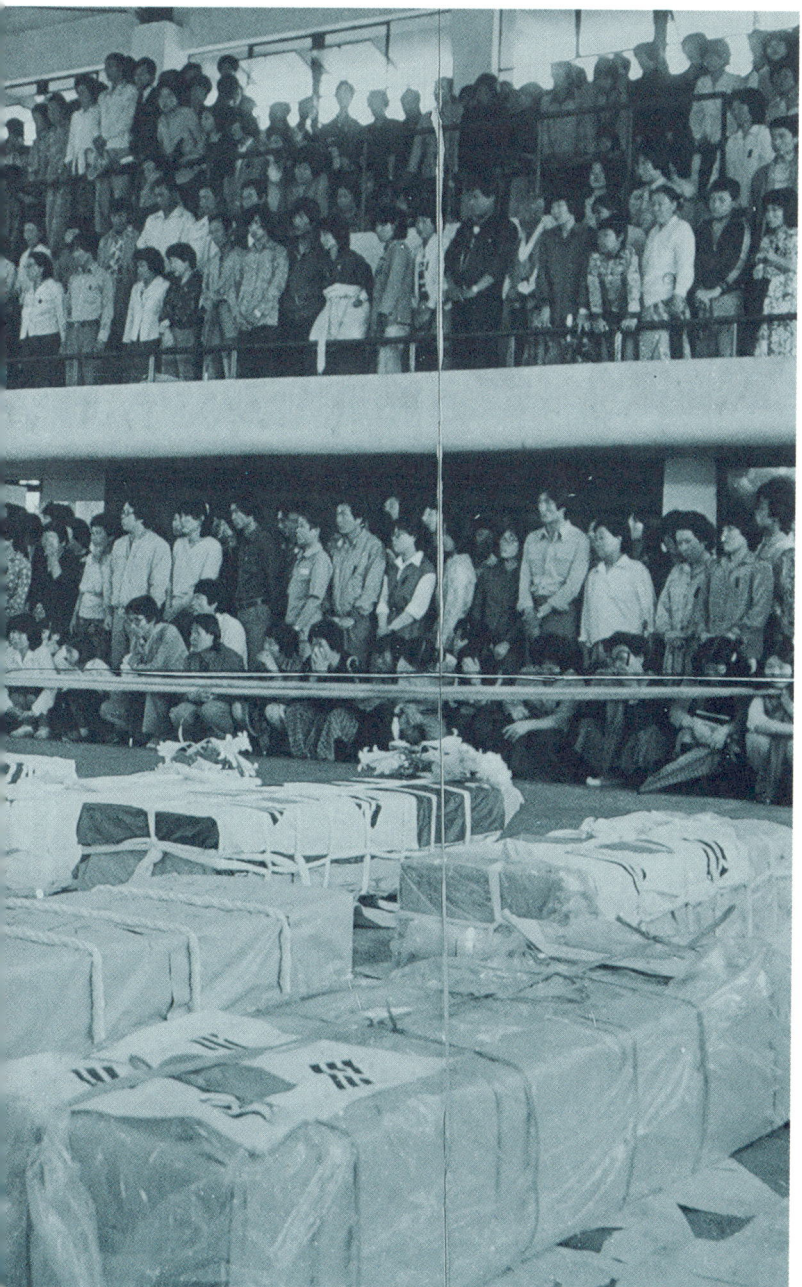

작품 소개

한강을 뛰어넘었다는 한강의 소설

1980년 5월 18일, 광주 전남대학교 교정에 공수부대가 배치되고 5월 27일 이른 새벽까지 열흘 동안 계엄군이 시민들을 학살하는 사건이 광주에서 일어난다.『소년이 온다』는 한강 작가의 여섯 번째 장편소설로, 1980년 광주의 5월을 증언한다. 소설은 옴니버스 방식으로 서술자를 달리하며 중학생 '동호'와 촘촘한 연결고리로 구성되어 있다. 문학평론가 신형철은『소년이 온다』를 한강을 뛰어넘은 한강의 소설로 꼽았다.

국가폭력과 집단 학살 속에서 희생된 많은 사람들과 생존

한 사람들의 목소리가 읽는 이의 몸을 아프게 관통한다. 권력을 장악한 전두환 신군부의 야만적 학살 현장과 광기로 자행된 고문, 살생 현장과 버려진 주검을 작가는 진실되고 슬픈 어조로 담아냈다. 총 6장으로 마지막 에필로그는 작가와 동호 형이 등장하며 텍스트를 마무리한다.

1장 「어린 새」의 시점은 2인칭으로, 동호로 초점화되어 있다. 동호를 '너'로 부르며 서술하고 시위대 선두에서 친구 정대가 총에 맞는 장면을 목격한다. 상무대에 남아 시신 앞에 촛불을 밝히고 죽은 자를 기록하며 정대를 기다린다.

2장 「검은 숨」의 서술자는 정대로, '나'는 혼령으로 죽은 자신과 트럭에 실려 공터에 버려지고 태워지는 희생자들을 목격한다. 몸을 증오하고 고깃덩어리처럼 던져지고 포개진 얼굴들을 마주한다. 누가 나를 죽였을까? 어떻게 죽였지? 질문과 참혹한 장면이 고통스럽다.

3장 「일곱개의 뺨」은 고등학교 3학년 여학생인 은숙이 서술자다. 시점은 광주항쟁 5년 이후로, 은숙이 작은 출판사에서 근무할 때, 경찰은 연극 대본을 번역한 사람을 찾는다며 그녀의 **뺨**을 일곱 차례 때리고 악랄하게 신문한다. 하지만 연극 무대에 번역자의 극을 올리고 당시 희생된 사람들의 장례를 치러주지 못했음을 자각하며 동호를 애도한다.

4장 「쇠와 피」는 교대생 진수(20세), 영대(15세)가 중심이다. 도청에 있었던 '나'가 증언하고 마지막까지 남은 이들을 증언한다. 살아남은 자의 고통이 극에 달하는 장이다.

5장 「밤의 눈동자」에서는 서술자 임선주(23세)가 자신을 '당신'이라고 지칭하며 이야기를 전개한다. 노동운동을 하다가 5·18에 참여하고 환경 단체에서 녹취와 기록을 담당하지만 '증언'의 요청을 거부한다. 그 일을 떠올리는 것이 고통스러운 고문을 떠올리며 2차 3차로 가해가 잔혹해진다.

6장 「꽃 핀 쪽으로」는 동호 어머니(46세)가 30년이 지난 후에 동호를 떠올리는 서사다. 계엄군이 난입한다고 도청 앞까지 찾아갔지만 아들을 만나지 못한 회한과 눈물로 지샌 통곡의 기록이다.

"산 자가 죽은 자를 구할 수 없는가, 또는 죽은 자가 산 자를 구할 수 있을까?"

이 질문은 한강이 2024년 노벨문학상 수상 강연에서 던진 물음이다. 『소년이 온다』는 바로 그 물음에 대한 응답으로 읽힌다. 작품은 말한다. 그들의 고통과 정신은 사라지지 않고 오늘의 우리 안으로 전해졌다고. 그 기억은 지금을 살아가는 우리를 지탱하며, 양심의 힘은 44여 년이 지난 오늘도 여전히 현재적이다. 이 소설은 우리가 아픈 역사를 반복하지 않도록 일깨운다. 결국 죽은 자가 산 자를, 산 자가 죽은 자를, 산 자가 또 다른 산 자를 구원한다는 진실을 보여준다.

—장자순

오늘도 버스는 달린다

어렸을 때 툇마루에 앉아 있으면 아득한 언덕길을 내려오던 아버지를 기억한다. 마을이 잿빛 어둠에 잠기면 방금 보였던 아버지가 사라져 버린 건 아닌지 조급하게 신발을 신었다. 그러면 영락없이 마당 귀퉁이에서 아버지가 환한 미소로 다가왔다.

아버지는 친척 집 제삿날이나 광주에 사는 이모 집을 방문할 때 나를 데리고 다녔다. 2학년 여름방학이었다. 함평에서 광주로 가는 시외버스가 유난히 덜컹거렸다. 아버지가 앉은

뒷자리에 서 있던 여학생이 정류장에 버스가 정차하자 아버지 오른팔 뒤쪽으로 음식물을 토하면서 주저앉았다. 그때 역겨운 냄새와 쓰러진 사람으로 버스 안에서 작은 소란이 일었다. 나는 코를 막고 아버지의 표정을 얼른 살폈다.

아버지는 겉옷을 벗어 둥글게 말아 검정 가방에 넣었다. 그러고는 여학생을 의자에 앉히고 "병원으로 가야 쓰겄당께. 지금 당장이어라."라고 소리쳤다. 백지장처럼 여학생 얼굴이 새하얗게 질려 있었고 몸이 축 늘어졌다. 실내가 조용해지고 버스는 빠른 속도로 도로를 질주해 나갔다. 한참 후 아버지는 병원에서 나와 내 손을 힘주어 쥐며 말했다. "괜찮당께 걱정허덜 말어라잉." 겁을 잔뜩 먹고 있던 나를 안심시켰다. 기억의 몇 조각이 어렴풋하게 떠오른다.

밭에서 일을 한 아버지가 오후 새참으로 막걸리를 마시고 불콰해졌다. 너른 들판을 마주 보고 우리는 나란히 둔덕에 앉았다. 교실 게시판에 내 그림이 붙었다고 자랑하자 아버지는 자리에서 일어나더니 호언장담을 하며 흥겨워했다. "너는 암것도 걱정허지 말고 공부만 혀잉. 이 아부지가 공부 다 시켜불랑께." 아버지의 몸집이 들판에서 불어오는 바람으로 부풀었다. 말소리도 톤이 높아지고 제자리걸음이 춤을 추듯 일렁였다. "진짜여? 아부지 거짓말 아니재잉?" 아버지와 함께 집으로 돌아오는 길은 늘 신이 나서 폴짝폴짝 뛰면서 걸었다. 더 큰 도시인 광주로 가서 고등학교와 대학교에 다닐 수 있다는 것을 한 번도 의심하지 않았다. 그저 공부만 하면 되었다.

이듬해 우리 집은 숟가락, 젓가락과 밥그릇이 날아가고 밥상이 뒤집히는 날이 흔했다. 그해 봄날 광주를 다녀온 이후부터 아버지는 다른 사람으로 변해갔다. 안방에 들어가면 엄마는 검푸르게 피멍이 든 눈언저리를 달걀로 문지르며 분노를 참지 못해 울부짖었다. 싸울 때 입버릇처럼 '공수부대'를 호명하며 거리낌 없이 자랑스럽게 말하곤 했던 아버지. 술을 마시는 횟수만큼 부부 싸움도 거칠어졌다. 아버지는 순수하게 딸과 놀아주던 이전의 사람이 아니었다. 도대체 광주에서 무엇을 보았길래 손찌검과 군대 용어를 의기양양하게 발설할 수 있는가. 내 머릿속에는 '아버지가 어떻게 그럴 수 있지?'라는 의구심이 늘어갔다.

고학년이 되면서 아버지와 동행하는 외출은 없어졌다. 나는 바깥으로 나돌았고 친구들과 공부한다며 집으로 들어가지 않을 핑계를 만들어냈다. 준비물 살 돈을 안 준다고 징징거린 내 등짝을 발차기로 날렸던 아버지. 다정함은 어디로 가고 폭언과 폭행이 난무한 사람으로 되어갔을까. 아버지는 이른 새벽 마을 정찰병이라도 된 듯 당당하게 집을 나섰다가 그날 갑자기 사고로 돌아가셨다. 충격, 죄책감, 혼란스러움이 내 안에서 서늘하게 자라고 있었다.

유년 시절부터 현실에서 책으로 도피했었기에 직장인으로 살면서도 자연스레 독서가 취미가 되었다. 행정사무를 보다 소설을 읽으면 현실의 고통과 번잡한 일상은 잠시 잊을 수 있는 돌파구가 되었다. 20대에는 한국 소설을 읽었다. 소설가 공지영의 386 민주화 운동 세대의 후일담과 신경숙 작가의 어긋난 애수, 단편소설의 대가인 만큼 문장이 아름다웠던 오정희 작가 글을 사랑했다. 한강 작가의 소설은 읽을 때는 간혹 맥락을 놓쳤지만 다 읽고 나면 가슴이 아리도록 아팠다. 그 아픔에 이끌려 작가 등단 작품인 「붉은 닻」을 읽고 필사했다. 작가의 신간이 나올 때는 누구보다 먼저 앞질러 서점으로 달려갔다.

'소년이 온다'는 5·18민주화운동의 역사를 담고 있는 소설이다. 먼저 표지가 눈에 들어온다. 검정 바탕에 안개꽃이 만발하고 중앙에는 주황색 네모 칸에 명조체로 쓴 책 제목 '소년이 온다'가 세로로 적혀 있다. 위패 같다. 5월에 다시 책을 읽고 어린 새 동호를 부르며 묵상하고 촛불을 켰다. 소년이 광주 상무대 안에 촛불을 켜 놓고 매일 희생된 영혼들의 넋을 위로했듯이.

『소년이 온다』는 시점과 감정선이 인물들과 연결되면서 중첩된다. 나중에는 여운이 남는 인물에게 집중하게 된다. 동호에서 동호의 어머니로, 정대에서 대학 신입생 진수의 이야기로. 처음 읽었을 때는 책장을 넘길 수 없었다. 잔혹한 참상이 실제 사건이기에 비극과 직면하기 쉽지 않았다. 고통과 직면하기 힘들어 자꾸만 달아나고 싶어 책장을 열어 읽어가지 못했다. 그러나 세 번 정도 읽으니 인간 안에는 폭력, 고통, 아름다운 세계가 공존하고 있음을 알게 되었다.

삼독은 3장 「일곱개의 뺨」을 중심에 두고 읽었다. 고등학교 3학년으로 동호와 함께 도청에 남아 있었던 은숙의 곁에 머물러 있기 위해서다. 경찰은 번역자를 찾는다는 이유로 차례로 뺨 일곱 대를 때리며 그녀를 신문한다. 그녀는 맞으면서 전남도청에서 있었던 일들을 기억한다. 모진 압박에도 굴복하지 않고 연극 무대에 번역자의 극을 올린다. 연극 끝에서 열한두 살의 어린 소년 동호는 노파의 등허리에 바싹 몸을 붙이며 따라 걸어간다. 숙연한 애도 의식 행렬이다. 해마다 5월이 오면 제의祭儀를 지내는 심정은 그들을 기억하는 달이 된다.

***

2024년 12월 3일 밤 10시 28분, 비상계엄이 선포되었다. 뉴스 속보와 유튜브를 보던 시민들이 여의도 국회 앞으로 앞다퉈 모였다. 국회로 진입한 계엄군은 유리창을 깨고 본회의장 진입을 시도했고, 로텐더 홀에서는 국회 직원과 보좌관들이 격렬하게 대치했다. TV를 앉아서 볼 수가 없었다. 가슴이 타들어 가고 입안이 바짝바짝 말랐다. 전쟁이 일어난 걸까. 끊임없이 북쪽으로 날려 보냈던 오물 풍선으로 남북 대치 국면은 최악이지 않았는가.

12월 4일 오전 1시. 재석 190명, 찬성 190명 만장일치로 '비상계엄 해제 요구 결의안이 가결되었다. 그럼에도 2차 계엄을 강행할 것이라는 공포감은 사그라지지 않았다. 2차 계엄을 막기 위해, 내란수괴자 대통령 탄핵소추(안) 가결을 위해 국회 앞으로 응집했다.

수많은 사람이 들었던 피켓 중에 유독 눈에 띄었던 "탄핵이 온다"라는 다섯 글자. 분명 저 피켓을 든 사람은 한강 작가의 『소년이 온다』를 읽고 광장으로 나왔을 거라는 확신에 가슴이 뭉클했다. 2024년 10월 한강 작가가 노벨문학상을 수상하면서 작가의 대표 작품들을 관심 있게 읽는 독자들이 폭발적으로 늘어나고 있던 시점이었다. 다시는 광주의 희생이 헛되지 않기 위해 한겨울에 국민 대다수가 광장으로 나왔다. 대한민국은 민주공화국이다, 다시 만날 세계와 탄핵을 외치며 응원봉을 치켜올렸다.

***

1980년 5월에는 전남도청에 남아 있던 사람 중에 아침까지 길거리 방송을 하려고 여자 세 명이 남는다. 호신용으로 카빈총을 받고 작동법에 대한 설명을 듣는다. 한 사람이 총을 받고 둘은 바로 뒤따라간다. 총을 주었던 진수는 함께 버티자고 그들에게 당부한다.

***

2024년 12월. 야당 대표는 "국민 여러분, 국회로 와주십시오"를 라이브 방송으로 국민들에게 국회로 와달라며 절박한 심정으로 호소했다. 44여 년 전 "함께 나와서 싸워주십시오."라는 목소리가 멀어지자, 군인들의 야만적 함성, 일사불란하게 박자를 맞춘 군홧발 소리, 보도블록이 흔들리고 벽이 무너질 것 같은 장갑차에 광주가 희생되었다. 그러나 2024년 12월 탱크 앞을 막아섰던 용감한 시민들, 절체절명의 순간에 연대하고 불의 앞에 물러서지 않았던 대한국민이 국회로 달려와서 나라를 살렸다. 그들 덕분에 놀란 가슴을 쓸어내리며 44년 광주에 이어 빚진 자의 마음으로 현재를 살아가고 있다.

겨울 한복판에서 국회의사당으로 난입한 무장 군인을 TV 화면으로 반복해서 보게 되었다. 아버지가 본 공수부대가 저런 모습이었을까. 1980년 영상과 사진은 더 잔인하게 시민들을 폭행하고 학살하는 장면이 나온다. 아버지는 곤봉으로 사람을 내리찍는 장면을 현장에서 봤을까. 상무대? 금남로? 아니면 길 위에서?

뉴스를 붙들고 잠을 자야 했던 불안과 불면의 밤은 꿈으로 이어졌다. 어린 나는 버스 운전석을 등에 지고 앉아 있고 사람들의 얼굴은 공포에 질려 있다. 상무대 정류장에 정차하자 느닷없이 군인들이 버스 안으로 들어와 창문을 깨고 아버지를 끌고 내려가 바닥에 내동댕이친다. 아버지가 속수무책으로 맞고 있다. 거대한 힘이 내 몸을 붙잡고 있는 건지 움직일 수 없다. 군복을 입은 젊은 사람이 아버지를 발로 무참하게 짓밟는다. 나는 공포에 떠는 아버지 얼굴과 핏발 선 두 눈과 마주친다. 아버지 나이를 지난 어른인데도 도움을 요청하는 아버지를 구할 엄두도 못 내고 두 팔로 허공을 휘젓다 깨어난다. 비현실적이 꿈이 생시 같다. 몸이 떨려 아침까지 뜬눈으로 지새웠다.

아버지 죽음의 원인이 공수부대가 시민들을 진압하고 학살한 장면을 목격해서라고 단정하면 곤란하다. 하지만 고통과 마주쳤던 하나의 장면은 사라지지 않고 떨쳐지지도 않은 채로 무의식에 스며든다. 두려워서 외면해 마주할 수 없었던 세월 속을 기억의 힘을 빌려 아버지에게 다가간다. 한강 작가가 사유했던 "현재가 과거를 구할 수 있는가? 산자가 죽은 자를 구할 수 있는가?" 라는 질문을 나도 부여잡는다.

흙먼지 날리며 덜컹거리는 버스 안에 아버지와 나란히 앉아 청명한 5월의 하늘을 바라본다. 버스는 소년 동호와 희생자들이 잠든 곳인 5·18기념문화센터를 지나 상무지구를 향해 간다. 오랜만에 딸과 외출한 아버지의 젊은 날의 얼굴이 말갛게 빛이 난다. 우리는 과거의 긴 고통의 시간을 구하고 존엄과 사랑을 잊지 않기 위해 바람을 가르며 달려간다.

장자순
행정직 공무원으로 초등학교에 재직하고 있다. 지극한 정성으로 소설을 사랑하며 읽고 쓰면서 성장하려고 노력하는 사람이다.

작품 리뷰

전역을 했다

여군으로 19년 6개월간 복무하고 전역을 했다. 사람들이 묻는다. "왜 20년이 아니에요?" 나의 목표는 하나였다. 군인연금을 받을 수 있는 최소한의 기간만 채우는 것. 그 기간이 19년 6개월이었다. 간혹 누군가 "오랜 시간 군 복무 하시느라 고생 많으셨어요.", "나라를 위해 애써주셔서 감사합니다."라고 인사를 하면 뒤통수가 시리고 부끄러웠다. 입대하던 그때도, 전역을 할 때도, 내겐 투철한 사명감이나 군인 정신에 입각하여 군 생활을 한 적이 없다. 군대는 내게 직장이었고, 월급을 주는 곳이었다.

스물네 살에 아무것도 모르고 입대했다. 군복을 입고 일한 다는 사실조차 몰랐다. 군 생활의 시작은 내게 직장 생활의 시작이었다. 그저 시키는 대로 했다. 불온서적에 대해 의심해 본 적이 없었고, 정치적 중립을 지키라고 해서 정치에 대한 관심을 끊었다. 모르는 것이 약이라고 생각했다. 세상이 어떻게 돌아가는지 알고 싶지 않았다. '중립'과 '무관심'은 다르지만, 그 차이를 모른 채 '지키라는 선'을 지키며 살았다. 마음이 편했다.

군 복무가 10년쯤 되었을 때였다. 지루하고 반복되는 일상 속에서 나를 잃고 있는 기분이 들었다. 취미도, 특기도, 특징도 없는 삶에 무엇이라도 생겼으면 좋겠다는 생각을 했다. 그래서 무언가를 찾기 시작했다. 미친 듯이 여행을 다니거나, 질릴 때까지 공연을 보기도 했다. 주말마다 영화관에서 살다시피 하며 영화를 연달아 몇 편씩 봤다. 사진을 배우기도 하고, 어설프게 글쓰기를 배우기도 했으며, 책도 읽기 시작했다.

가장 쉽게 접할 수 있었지만 쉽지 않은 것이 책 읽기였다. 초등학생 때를 제외하고는 거의 읽어본 적이 없었다. 단 5분도 집중해서 읽을 수가 없었다. 졸고, 딴짓하고, 다시 졸았다. 그럼에도 책을 읽는 사람의 모습이 멋져 보여 포기할 수 없었다. 나도 멋져 보이고 싶었다. 나에겐 보여지는 것에 대한 욕망과 지적 허영심이 있었다. 그것을 채우기 위해 잘 읽히지 않는 책을 읽으려고 애썼다.

유명하다는 책은 일단 사고 봤다. 그렇게 『소년이 온다』도 내 손에 들어오게 되었다. 작가 이름도 몰랐고, 배경도 몰랐다. 하지만 유명하다고 하니 샀고, 읽기 시작했다. 내용에 대해 잘 알지도 못하면서 읽는 내내 줄줄 울었다. 왜 우는지도 모른 채 울었다. 다 읽고 나서야 이 소설이 광주가 배경인 5·18민주화운동 이야기라는 걸 알게 되었다. 문득 부모님이 자주 하시던 말이 떠올랐다. "전라도 사람은 조심해야 한다."

나는 대구에서 태어나고 자랐다. 가족 모두가 대구에서 나고 자라며 자연스럽게 보수의 가치를 받아들이며 성장했다. 그것은 결국 보수에 대한 절대적인 믿음으로 바뀌었다. 전라도는 그중에서도 광주는 큰 잘못을 한 곳이라고 알고 있었다. 잘못된 무력시위로 인해 사람들에게 피해를 준 곳. 그래서 전라도 사람들은 무서운 사람들이었고, 광주에 대한 진압은 정당한 것이라고 믿었다. 그렇게 배웠고, 그렇게 알고 살아왔다.

그런 내게 『소년이 온다』는 내가 알던 세상을 흔들어 놓았다. 군인이 이유 없이 민간인을 공격했다는 것을 믿을 수 없었다. 심지어 때려죽이고 총을 쏴서 죽이고 시체를 아무렇게나 내팽개쳤다고 했다. 나라에서 한 도시를 봉쇄했단다. 너무 비현실적으로 느껴졌다. 소설 속 허구가 지나치다고 생각했다. 하지만 책을 덮고 나서도 마음 한구석이 계속 찜찜했다. 이렇게까지 썼을 땐 이유가 있을 거라는 생각이 들었다. 그래서 자료를 찾아보기 시작했다.

5·18민주화운동의 기록을 읽었다. 사건의 시간대와 경과를 일목요연하게 정리한 자료들이었다. 읽으면 읽을수록 혼란스러웠다. 읽으면서도 믿을 수 없어서 내내 자료를 의심했다. 어떻게 이런 일이 일어났는데 나는 지금까지 몰랐을까? 정말 이런 일이 있었단 말인가? 영화보다 더 잔인한 현실이었다. 지금껏 내가 알고 있던 '사실'들은 누군가의 의도에서 비롯된 것이었음을 알아가기 시작했다.

그 안에서 가장 나를 사로잡은 존재는 '그때의 군인들'이었다. 명령을 내리는 사람도, 따르는 사람도 모두 납득할 수 없었다. 민간인을 죽이라는 명령을 어떻게 받아들일 수 있었을까? 직업으로 선택한 군인의 삶, 군복을 입고 있는 나를 분리해서 생각할 수 없었다. 만약 내가 그 시대의 군인이었다면 어떻게 했을까? 스스로에게 질문을 던지는 순간, 끝없는 절망이 밀려왔다.

나는 자신이 없었다. 아마도 나는, 그 명령을 거부하지 못했을 것이다. 명령에 따르고 있는 내 모습을 상상하니 두려웠다. 불온서적을 아무런 의심도 없이 당연하다고 생각하고 정치적 중립을 무관심으로 여긴 나라면 분명히 상부의 지시를 따랐을 것이다. 다만 그 정도의 차이만 있었겠지. 그런 나를 상상하니 무섭고 싫었다. 나는 왜 아무것도 모르고 군인이 되었을까?

그 후로도 많이 울었다. 무서워서, 두려워서, 몰라서, 미안해서. 돌이킬 수 없는 길을 걸어온 것 같아 무력감을 느꼈다. 당장이라도 내게 불합리한 명령이 내려질 것만 같았고 따를 수 없다고 말하지 못하는 내가 보이는 것 같았다. 두렵고 공포스러웠다. 하지만 군인이라는 현실은 바뀌지 않았고 그렇게 시간이 흘렀다.

2024년 12월 3일, 전역을 두 달 정도 앞두고 더 이상 출근하지 않고 쉬고 있었다. 갑자기 남편이 소리쳤다. "대통령이 비상계엄을 선포했대!" 군인이었지만 '비상계엄령'이라는 단어의 뜻이 바로 생각나지 않았다. 얼른 뉴스를 틀었다. 대통령이 정말로 비상계엄을 선포하고 있었다. 국가비상사태!! 그제야 뜻이 떠올랐다. 드디어 올 것이 왔구나, 전쟁이 났다고 생각했다. 전역은 물 건너가겠구나, 부대로 복귀해야 하나? 막막하고 두려운 생각이 밀려들었다.

전쟁은 일어나지 않았지만, 책 속 이야기라 여겼던 일들이 TV 화면을 통해 내 눈앞에서 반복되고 있었다. 뉴스를 통해 보여지는 현실은 내가 읽었던 5·18민주화운동 기록과 똑같았다. 국가비상사태가 아니라, 일부의 기득권을 지키기 위한 폭력이었다. 많은 사람들을 공포로 몰아넣고 있었다. 다만 1980년대와 달랐던 것은, 우리는 그 상황을 TV로나마 지켜볼 수 있다는 것이었다.

경찰이 국회 정문을 막아섰다. 국회의원들이 담을 넘었고, 무장한 군인들이 헬기를 타고 국회 앞마당에 내렸다. 화면 속 그들을 보며 구역질이 밀려왔다. 국회로 들어가려는 군인들을 보며 내가 그 자리에 있는 듯했다. 그들은 이 상황에 대해 완벽하게 알고 있을까? 이 상황에 대해서 동의하고 있을까? 아닐 것이라 믿고 싶었다. 그들은 적극적인 것 같았지만 대체로 적극적이지 않았다. 그들 역시 우왕좌왕하며 행동에 확신이 없는 것 같았다. 그들이 맹목적인 폭력을 행사하지 않고 있다는 사실에 아주 조금 안심이 됐다.

하지만 계엄령이 해제되기까지 몇 시간은 공포 그 자체였다. 또다시 밀어붙이면 어떻게 하지? 다시 어떤 도시가, 어떤 사람들이 그때의 광주처럼 무자비하게 짓밟히는 건 아닐까? 내가 읽었던 광주가 생각났다. 멍한 상태로 늦게까지 TV를 붙잡고 있었다. 그것이 내가 할 수 있는 전부였다.

2025년 5월, 한강 작가의 노벨문학상 수상을 기념해 『소년이 온다』를 다시 읽었다. 처음처럼 충격적이진 않았지만, 훨씬 깊고 무거운 생각들이 밀려들었다. 특히 작년 12월의 일이 있었기에 더욱 그랬다. 이미 알고 있는 일이 또다시 반복되었다는 사실은 단순한 우연이 아닐 것이다.

그제야 더 분명해졌다. 기억하지 않으면, 같은 일은 쉽게 반복된다는 것. 알고 있어도 속수무책으로 당하는 일이 많은데, 하물며 몰랐다면 얼마나 더 쉽게 무너졌을까? 그래서 우리는 '알려야' 하고, '기억하려' 애써야 한다. 다음 세대에게 제대로 된 진실을 전하는 일은 우리들이 해야 할 몫일 것이다. 『소년이 온다』는 단순히 읽고 넘길 책이 아니다. 나처럼 늦게 알게 됐더라도, 그 사실 앞에서 주저앉는 대신 기억하려는 사람으로 살아가는 것, 그것이 중요한 것이다.

이제 나는 민간인이며, 더 이상 내게 명령을 내릴 사람은 없다. 그 사실이 아주 조금 안심이 된다. 하지만 그것만으로 충분하지 않다. 살아 있는 한 광주를 잊지 않아야 한다. 그날 우리가 모인 광장, 그리고 그곳을 덮었던 두려움을 잊어서는 안 된다. 기억하는 일, 그것은 나 자신을 지키는 동시에 모두를 위한 일일 것이다.

류경림
전역 후 꿈꾸던 회사원이 되었다. 이제는 책을 30분 넘게 읽어도 졸지 않는다. 이 글을 쓰면서 용기가 아주 많이 필요했다. 그리고 여전히 부끄럽지만 이 마음을 잊지 않고 살고 싶다.

소년과 작가의 길, 518버스

소년이 걸었던 길 (2.5km)

『소년이 온다』의 주인공이자 15세 소년 동호의 마지막 여정을 따라갈 수 있는 길. 이 길은 당시 시민군이 모였던 장소와 학살의 현장을 되짚으며, 독자가 소설 속 인물의 발걸음을 직접 밟아볼 수 있다. 걷는 동안 소설 속 장면과 실제 역사가 겹쳐진다.

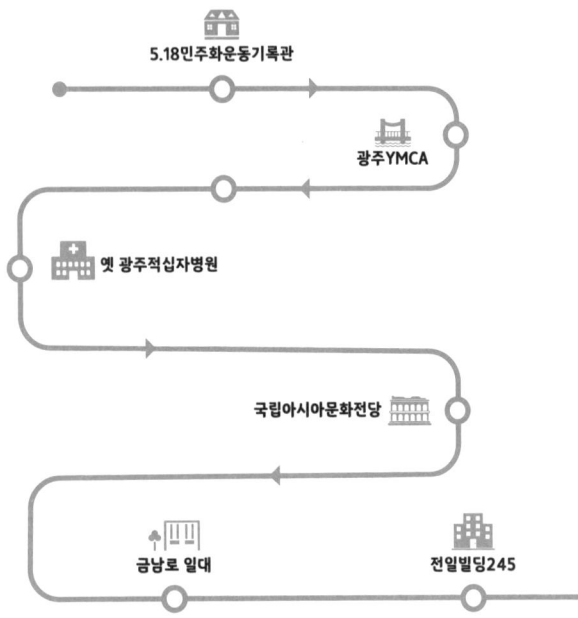

작가가 걸었던 길 (1.8km)

이 길은 한강이 『소년이 온다』를 집필하기 위해 실제로 밟았던 장소들이다. 그녀가 직접 보고 듣고 느낀 공간들을 따라가며, 작가의 사유와 문학적 상상력이 어떻게 형성되었는지 체험할 수 있다.

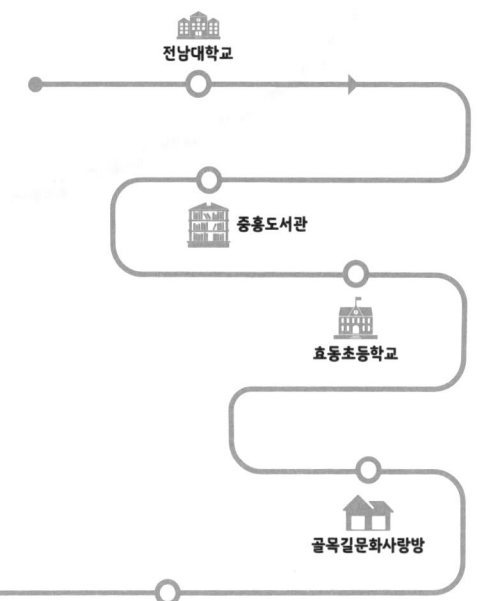

5·18민주화운동기록관
항쟁의 기록과 자료가 모여 있는 곳.

광주YMCA
학생·시민들이 모여 토론하고 저항의 불씨를 지폈던 장소.

옛 전남도청과 옛 적십자병원 터
계엄군과 시민군이 대치했던 핵심 공간, 소설 속에서도 반복적으로 등장.

금남로 일대
5·18의 상징적 현장. 시민들의 외침과 진압의 비극이 교차했던 거리.

옛 광주천 주남마을 방면
동호가 끝내 총에 맞아 쓰러진 것으로 그려지는 여정의 끝자락.

전남대학교
5·18의 발원지 중 하나. 한강은 당시 학생들의 외침이 남은 교정을 걸으며 글의 실마리를 잡았다.

중앙도서관
자료와 증언을 조사하던 공간.

전일빌딩245
계엄군의 총탄 흔적이 남아 있는 건물, 현장성을 강하게 체감할 수 있는 곳.

옛 도립도서관 → 양림동 일대
증언을 채록하고 관련 흔적들을 찾아다닌 장소. 작가가 '이 고통을 글로 감당할 수 있을까' 자문했던 곳이기도 하다.

518버스
5·18민주화운동의 의미를 되새기며 역사적 장소들을 순환하는 특수 노선으로 "광주 과거와 현재를 오가는 특별한 버스"로 불린다. 50여 개의 정류장이 있다. 지선버스로 약 33.4km, 전체 운행 시 100분 이상 소요

Tip. 첫차 06:00 막차 22:00 운행 간격: 평소 20분 정도(상황에 따라 변동 가능)

효령노인복지타운 -> 국립5·18민주묘지(소년 동호와 희생자들이 잠든 곳. 추모의 장소) -> 전남대 -> 광주역 -> 국립아시아문화전당(구 도청 민주광장) -> 금남로4가역(5·18민주화운동기록관) -> 5·18기념문화센터 -> 5·18자유공원 -> 상무지구

걸린 마지막 순간까지도, 옳은 일을 한다는 신념을

집단발포

『흰』

작품 소개

당신에게 흰 것을 줄게

『흰』은 65편의 단상으로 이루어진 장편소설로 삶과 죽음, 상실과 애도, 회복과 재생의 가능성을 사유할 수 있다. 작가는 '흰 것들'을 통해 죽은 언니를 기억하는 등 자전적 요소가 있지만 엄밀히 말해 자전적 소설이라기보다는 '실험적 에세이와 시적 산문에 가까운 작품'으로 평가받고 있다. 따라서 시나 에세이처럼 읽는다면 한강의 다른 작품보다 훨씬 편하게 읽을 수도 있다. 2018년 부커 인터내셔널상 부문 최종 후보에 오른 아름다운 작품이다.

작가가 '흰 것'에 대해 쓰기로 했을 때, 처음 한 일은 흰색을 띤 사물들의 목록을 적는 것이었다. 『소년이 온다』 이후 깊은 고통 속에서 치유와 애도를 시도하는 작업이기도 했다. 그러나 작가는 곧 의문을 품는다. "그 문장들 사이에 흰 거즈를 덮고 숨어도 괜찮은 걸까?" 그 질문에 답하기 어려워 작가는 시작을 미루었다고 한다. 그러던 중 초청을 받아 폴란드 바르샤바로 떠나게 됐을 때, 작가는 그곳에서 '어딘가로 숨는다는 건 어차피 가능한 일이 아니었다는 것'을 깨닫는다.

그리고 바르샤바의 어느 기념관에서 1945년 미군이 촬영한 그 도시의 영상을 보았는데 희끗한 눈에 덮인 풍경 같았지만 그건 눈이 아니라 나치의 공습으로 파괴된 잿빛 잔해라는 것을 목격하면서 작가는 자신이 머무르고 있는 도시가 '흰' 도시라는 것도 알게 되었다. 그리고 파괴되었지만 재건된 '흰 도시'를 통해 태어난 지 두 시간 만에 죽은 언니를 떠올리며, 자신의 삶과 몸을 빌려줌으로써만 그녀를 되살릴 수 있다는 사실을 깨달았을 때 작가는 이 책을 쓰기 시작했다.

『흰』은 1장 나, 2장 그녀, 3장 모든 흰, 이렇게 총 3장으로 구성되어 있다. 1장에서는 '나'의 이야기를, 2장에서는 자신의 삶을 내어준 언니인 듯, 언니의 영혼과 함께하는 나인 듯한 '그녀'의 이야기를, 3장에서는 나와 그녀를 넘어서 '모든 흰'으로 시야가 확장된다. 따라서 1장과 2장과 3장의 흰 것들이 연결되면서 하나의 서사로 꿰어지게 되는 장편소설이 된다.

『흰』에 실린 「작가의 말」에서 한강 작가가 말했던 것처럼 이번에는 독자인 당신이 누군가에게 주고 싶은 흰 것들에 대해 생각하게 될지도 모른다. ➤

—김원자

나의 흰 것들

한여름 아무도 깨지 않은 새벽 어스름에 일어나 『흰』을 펼친다. 한강이 '당신에게' 주고 싶었다는 그 흰 것들을 사유하고 싶어서. 그러다가 그 겨울, 함박눈 내리던 자작나무 숲으로 가고 싶어졌다. 강원도 인제 원대리에 있는 곳. 내가 아는 한, 침묵과 가장 잘 어울리는 곳. 그 흰 것들을 사유하기에 가장 좋은 곳이니까.

자작나무의 옹이가 사람 눈처럼 보여서였을까. 나를 바라보는 듯한 나무들과 눈을 맞추자, 숲에서 두런두런 속삭이는 소리가 들리는 것 같았다. 이윽고 햇살이 쏟아지는데, 눈부시고 아름다웠다. 나무들이 나를 환대하는 느낌. 순간 눈물이 차올랐다. 숲의 아름다움에 빠져, 공사 인부들까지 모두 내려간 줄도 모른 채, 한참을 머물렀다. 내려오는 길, 난생처음 보는 비행접시처럼 쌓인 적란운에 또 사로잡혔다. 어둠은 빠르게 깔렸고, 임도로 내려오는데 길이 미끄러웠다. 개 한 마리가 멀리서 짖고 있었다. 산지기도 떠난 안내소 앞에 서야 긴장이 풀렸다. 꿈처럼, 신비한 경험이었다.

세상에는 우리가 알지 못하는 신비한 일이 있다고 믿는다. 『흰』에서 태어난 지 두 시간 만에 죽은 언니에게 작가가 자신의 삶을 빌려주고 되살린다는 것 역시 믿을 수밖에 없다. 허구가 아닌 사실로 진실을 말하는 소설 같았으니까. 『소년이 온다』에서 죽은 자가 산 자를 구한 것처럼, 『흰』에서는 산 자가 죽은 자를 되살리고자 하는 것. 간절한 마음, 그 하나로.

나는 가까스로 태어났다. 몇 번이고 지워질 뻔했다. 태어난 것에 기쁘고 몇 번이고 지워질 뻔했다는 것에는 슬프다. 작가의 '흰 것들'에도 그런 마음이 담겨 있는 것 같았다. 전전긍긍했을 엄마, 나를 죄책감으로 바라보다 결국 내 죄책감이 되어버린 엄마. 그럼에도 우리를 더럽힐 수 없는 어떤 마음. 그 마음을 이제 사랑이라고 부르고 싶다.

작가가 '흰' 그것에 관해 쓰겠다고 결심하고 처음 한 일은 흰 것의 목록을 만드는 것이었다. 그 목록에 나는 '흰걷는나무' 하나를 덧붙여 본다. 인디언식 내 이름 '흰걷는나무'. 내가 자작나무 숲을 고향처럼 좋아하는 마음도, 책을 만들어 누군가를 살리고 싶다는 마음도 어쩌면 여기에서 시작했을지도 모른다.

『흰』을 또다시 펼치며 자작나무 숲을 생각하는 한여름 새벽….

당신을 기다린다는, 자작나무의 꽃말을 떠올린다.
자작나무 숲과 나와 나의 엄마가, 한강과 그녀의 '흰 것들'과 연결되어서 따스한 피가 내 몸에 흐르는 듯하다.

―김원자

백목련이 있는 언덕에서

『흰』의 예순다섯 개 이야기 중 서른세 번째 「백목련」. 스물다섯 살, 스물네 살 비슷한 시기에 죽은 대학 동기 둘을 위해, 같은 학번 졸업생들이 함께, 어린 백목련 두 그루를 심었다는 이야기. 그녀는 묻는다. 우리는 왜 백목련이었을까. 소설 속 그녀가 한강일 것이라고 믿는 나는 그 백목련 두 그루가 보고 싶어서, 그녀의 물음에 답하고 싶어서, 100년 만에 최고로 더웠다던 한여름 밤에 그녀가 문학 수업을 듣던 강의실에서 내려다보인다는 언덕에 올라갔다.

이 언덕은 나도 잘 아는 곳이다. 아니, 너무 사랑하는 곳이다. 인문관에서 문학 수업을 듣고 내려오던 길, 왼쪽에 있는 작은 동산. 바위와 꽃, 나무, 기타 소리, 낮술, 웃음, 안녕을 나누던 장소. 우리가 '동물원'이라 불렀던 이 언덕. 젊다는 가능성으로 오히려 더 암담했던 시절. 웃을 일을 만들어 열심히 웃고, 서로의 안녕을 살뜰히 챙겨주려 했는데… 스스로 생을 마감한 동기가 있었다. 꿈에서 본 추락, 이어진 부음에도 믿을 수 없었다. 곧 죄책감이 밀려왔다. 친구가 보낸 구조의 신호를 받은 것 같은데… 정말 막을 수 없었을까.

나무의 연꽃이라는 목련. 꽃눈이 붓을 닮아 '목필^{木筆}'이라고 부르기도 하고, 꽃봉오리가 필 때 북쪽을 향한다고 해서 '북향화^{北向花}'라고도 부른다. 눈과 꽃샘추위를 견디고 피어나는 백목련의 그 흰빛은 반가우면서도 곧 지고 말 것에 슬프다. 그런 연유로 백목련 두 그루를 심은 것일까. 흰 꽃 같은 영혼으로 봄마다 재생하고 부활하기를 염원했기 때문일까.

오랜 시간이 흐른 뒤 내 동기들도 그 친구의 언니를 만났다고 했다. 언니는 동생 이야기를 나눌 수 있어서, 동생 사진을 더 볼 수 있어서 고마워했다는데… 나는 그 자리에 가지 못했다. 어쩌면 더는 상처받고 싶지 않아서였을지도 모르겠다.

그날 밤, 백목련 두 그루를 찾아 어둠 속에서 사진을 찍고 언덕을 내려오는데 보름달이 유난히 크고 밝았다. 초승달이 반달이 되고 보름달이 되는 것처럼, 내년 봄에 백목련에 어김없이 흰 꽃이 필 것처럼, 나에게도 뭔가 새롭게 피어나는 게 있었으면 좋겠다는 바람이 불었다. 시원했다. 언덕에 오르길 잘했다.

—*김원자*

얼굴을 감싸주었던 흰 새처럼

한강의 작품에는 유독 새가 자주 등장한다.『작별하지 않는다』에서 앵무새,『희랍어 시간』에 지하 계단으로 날아든 새,『채식주의자』의 꿈속의 흰 엄마새,『소년이 온다』속 새들까지. 이 새들은 인물들의 영혼처럼 보인다.『흰』의 2장「흰 새들」에서는 흰 갈매기와 흰 두루미, 그리고 '흰 도시'에서 그녀의 머리에 잠시 내려앉아 얼굴을 감싸주었다는 흰 새 역시 그렇다.

흰 새 이야기는 신비롭다. 여기서 그녀는 화자인 '나'이면서 나의 몸을 빌린 죽은 언니이기도 할 테니까. 믿기 어렵지만 그런 일이 정말로 일어났다고 나는 믿어진다.

한강 작가가 운영했다던 독립책방 '책방오늘' 로고에도 책과 함께 흰 새가 그려져 있다. 지금은 서촌으로 옮겨졌지만, '책방 오늘'이 양재동에 있었을 당시 나는 그 근처에 살았다. 버스로 서너 정거장 거리였다. 육아를 마치고 아이가 대학에 입학해 용돈까지 벌게 된 뒤, 오랜만에 얻은 심적·물적 여유 덕분에 독립책방을 검색하다 '책방오늘'을 알게 되었고, 그림책이 그리웠던 나는 그곳을 찾아가 보았다.

지금 생각하면 그때의 책방지기도 어딘가 한강 작가의 성정과 닮아 있었던 것 같다. 조용한 목소리로 회원카드를 만들어 주고, 책을 소개해 주던 분.(서촌에서는 뵙지 못했지만, 잘 지내고 계시기를.) 그때 내가 그림책에 관심을 보이자 『새가 되고 싶은 날』이라는 책을 소개해 주셨는데, 그림책도 재미있었지만 무엇보다 그 책을 소개하는 책방지기의 눈빛과 말투, 몸짓이 평소와 달랐다. 외국에서 주인장이 아들과 함께 읽은 책이라고 말할 때에 생기와 반짝임이 가득했다. 말하고 싶지만 더는 말할 수 없다는 듯한 머뭇거림. 어쩌면 아주 작은 새의 몸짓 같은 미세한 표현이었지만, 그 자리에 함께 있었던 사람이라면 느끼지 않을 수 없었던 온몸의 언어였다.

그러나 코로나로 신청했던 그림책 강좌는 취소되었고, 1, 2년 책방에 들르지 못했다. 다시 찾았을 때, 책방 한쪽 공중전화기 부스에서 버튼을 누르면 그리운 작가들 목소리, 바람 소리, 파도 소리, 연필과 타자기 소리도 흘러나오는 수화기 속에서 박경리 작가와 박완서 작가의 목소리를 들었다. 그리고 책방지기에게 내가 출판사를 시작했다는 이야기도 곧 전하려고 했는데, '책방오늘'이 서촌으로 이사했다는 소식을 들었다. 예전 회원카드를 찾으러 오라는 메시지와 함께.

그리고 노벨문학상 수상 소식이 전해지고 '책방오늘'의 주인장이 바로 한강 작가였다는 것을 알게 되었다. 책방은 곧 '성지순례'의 대상이 되었고 그녀는 책방 운영에서 손을 뗐다고 했다. '한강 읽기'를 하면서 서촌으로 옮긴 책방에 가보았다. 무명천으로 만든 간판과 유리창에 붙은 책과 새의 로고, 책방 안의 피아노와 공중전화 부스도 그대로였다. 다소 낯설긴 했지만 이전과 크게 달라지지는 않았다. 나에게는 언제나 그리운 책방으로 남게 될 것 같다.

그녀의 머리에 내려앉아 얼굴을 감싸주고 날아갔던
그 흰 새처럼,
책방이 다른 곳에 둥지를 틀었더라도
다시 또 어디로 날아가더라도
내가 기억하는 한
사라지지 않을 나의 책방일 테니까
오늘도 새들은 노래할 테니까

김원자
한강 읽기를 하는 동안 공허했던 마음이 회복되는 경험을 했다. 새로운 시작을 하는 마음으로 이 책의 공동 저자로 참여했다. 현재 출판사 〈구름의시간〉에서 발행과 편집을 맡고 있다.

원대리 자작나무 숲

『흰』에서 흰빛은 상실과 애도의 감정을 상징하는데, 자작나무 숲의 흰 껍질은 마치 거대한 흰 장막처럼 죽음을 감싸고 기억하게 만들 수 있다. 수십만 그루가 빽빽하게 선 자작나무 숲은 개별 나무가 아니라 함께 선 군락의 인상을 준다.

겨울 설경 속 자작나무는 흰빛을 드리우며 차갑고 애잔한 분위기를 만들면서도 다른 한편으로는 삶을 이어가게 하는 생명의 등불처럼 느껴진다.

원대리 자작나무 숲은 속삭이는 자작나무 숲이라고도 부른다.

강원도 인제군 인제읍 원대리, 해발 800~1,200m 고지대에 위치하며 약 138ha, 1974~1995년 조림으로 심어진 자작나무 69만 그루가 숲을 이루고 있다.

흰 껍질의 나무들이 빽빽하게 들어선 장대한 풍경으로 한국에서 가장 아름다운 숲 중 하나로 꼽힌다. '인공 조림'에서 출발했지만, 현재는 자연림 같은 장관을 보여준다.

겨울 설경의 흰빛은 애도의 그림자를 드리우면서도 생명의 호흡처럼 반짝인다. 여름 숲속에서는 강렬한 녹음과 함께 흰 줄기들이 반짝이는 것을 보면서 생명의 재생력을 만끽할 수 있다.

원대리 자작나무 숲

Tip. 총 7개 탐방로의 길이는 약 3.2km 소요 시간은 넉넉하게 2~3시간이다.

가장 인기 있는 1코스(자작나무 코스): 0.9km, 약 50분으로 경사가 완만해 가족 단위나 초보자도 무리 없이 걸을 수 있다. 겨울에는 설경 명소, 여름에는 시원한 산책로로 인기가 있다.

숲속 교실, 전망대, 생태연못, 인디언집, 나무다리·계단, 유아 숲 체험원 등이 있고, 입구는 자작나무 숲 안내소에서 시작한다.

산불 예방·보호를 위해 계절별로 입산 통제 → 방문 전 인제군청·국립수목원 휴무 확인

(☎ 033-463-0044)

연세대학교 신촌 캠퍼스와 한강

외솔관(구 인문관)
한강이 실제로 강의를 들었던 건물이 바로 지금의 외솔관(구 인문관)이다. 이곳에서 문학 수업을 듣고, 동기들과 토론하며, 자신만의 문학적 세계를 키워나갔다. 훗날 인터뷰에서 "연세대 국문과 시절의 시간은, 글을 쓸 수 있는 내 삶의 뿌리가 되어주었다"라고 회고하기도 했다. 『흰』에 나오는 백목련이 있는 언덕도 이곳에 있다. 외솔관 내 문과대학 독서실을 '문학-공간 노벨 라운지'로 재단장해 개관했다.

윤동주 시인
89학번인 한강은 연세대 재학 시절, 4학년 때 교내 연세문화상과 윤동주문학상을 수상하며 작가로서의 첫발을 내디뎠다. 윤동주 언덕과 시비, 중앙도서관에서의 전시를 자주 접하며, "죽음과 상실, 언어의 힘"에 대한 사유가 깊어졌다는 해석도 있다. 연세대학교 신촌 캠퍼스에는 윤동주를 기리는 공간이 여럿 있다. 캠퍼스 내 언덕 위에 세워진 윤동주 시비에는 대표작 「서시」가 새겨져 있다. 그 밖에 윤동주기념관 윤동주기념 홀(백양관 지하) 등이 있다.

독수리상
정문을 지나 백양로 초입, 독수리 광장에 세워져 있다. 연세대학교의 교표校標와 교훈을 상징하는 동물로, 하늘로 날아오르는 독수리의 형상은 진리와 자유를 향한 기상, 높은 이상과 도전 정신을 나타낸다. 백양로와 중앙도서관으로 이어지는 길목에 있어 연세대 캠퍼스의 관문 같은 공간이다.

백양로 일대
연세대학교의 상징적 중심 길. 과거에는 '백양나무'가 줄지어 있어 백양로라 불렸으나, 지금은 다른 수종의 나무가 심겨 있다. 수많은 문학도와 지식인들이 오가며 시와 소설의 영감을 받은 길로 알려져 있다.

중앙도서관
연세대의 학문과 문학 자료의 중심. 교내 주요 작가들의 자료, 육필 원고, 기념 특별 전시가 열리곤 한다.

청송대

캠퍼스 내 상징적 공간. 푸른 소나무 숲과 어우러져, 학내 대표적인 휴식·성찰의 장소로 기억된다. 야외 문학 수업도 한다.

노천극장

연세대학교 학생 문화와 집회, 공연의 중심지. 문학·연극 동아리 활동, 시 낭송회, 학내 집회가 열리던 장소.

Tip. 연세대학교 신촌캠퍼스 투어
정문 - 독수리상 - 중앙도서관 - 백양로 - 연희관(언더우드 동상) - 윤동주 시비 - 외솔관 - 청송대 - 노천극장 - 연세/삼성 학술정보관 - 광혜원(조선 최초의 근대 병원) - 정문

신촌캠퍼스 맵

동문

서문

남문

정문

'책방오늘'과 한강

적자가 계속되는 '책방오늘'을 운영하는 이유를 묻는 기자의 질문에 한강은 "우리는 약간의 공간을 현실로부터 임대해 신기루 같은 이곳을 만들었고, 자본의 논리와 상반되는 경영을 한 해씩 연장해 가고 있다. … 이 서점에 관한 어떤 일도 함부로 실패라고 부르지 않겠다." '책방오늘' 같은 소규모 독립서점들은 단순히 책을 사고파는 것이 아니라, 문학과 삶을 견디는 작은 연대의 공간을 운영한다는 자부심이 있다.

2018년 서울 서초구 양재동에 처음 문을 열었다. 약 4년 반 뒤, 종로구 통의동 서촌 골목으로 자리를 옮겼다. 2024년 10월, 한강의 노벨문학상 수상 소식이 전해지자 서점은 '오픈런' 현상이 벌어질 만큼 인파가 몰리는 바람에 잠시 휴업에 들어갔으며, 이때 한강은 직접 운영하던 것에서 손을 뗐다고 보도되었다. 운영 시간도 줄어들었다.

빨간 벽돌 건물 안, 약 3평 남짓한 공간이지만 따뜻한 온기로 기억되는 장소이다. 큰 창과 손글씨 안내문, 책마다 붙은 작은 메모들이 방문자를 맞는다. 한 명의 작가를 선정해, 추천 도서와 집필 서적을 함께 전시하는 코너가 있다. 공중전화 부스를 설치해, 수화기 너머로 박완서, 버지니아 울프 등의 목소리를 들을 수 있다. 낭독회나 북토크 전시 같은 작은 문화 프로그램도 진행한다.

Tip. 서촌 독립서점 산책 코스 추천
3호선 경복궁역 3번 출구에서 서촌 골목길로 진입
'책방오늘'에서 한강 작가의 감성이 담긴 공간 체험
주변의 다른 독립서점과 찻집, 미술관을 둘러보며 느린 걸음으로 서촌의 정취 만끽
여유 있게 '책과 골목' 속에서 기억을 소환해 보는 시간

'책방오늘' 양재동 시절에 찍은 사진

『작별하지 않는다』

작품 소개

한강 소설을 이끌어가는 질문

2021년에 발표된 『작별하지 않는다』는 7년에 걸쳐 완성된 소설이다. 서울과 제주도를 오가는 집필 과정에서 열권의 노트가 쌓일 만큼 방대한 메모가 축적되었고, 메모에는 이렇게 적혀 있다. "죽음에서 삶으로 가는 소설. 절반 죽어있던 사람들이 생명을 얻는 소설" 한강은 작품을 쓰면서 자신이 구해졌다고 고백한다. 『작별하지 않는다』는 『소년이 온다』와 마찬가지로 학살 생존자들의 증언을 바탕으로 한 기록문학이다. 제주4·3을 다룬 기록물이 최근 유네스코 세계기록유산으로 등재되면서 『작별하지 않는다』와 함께 제주4·3의 의미를 다시 환기하고 있다.

소설은 꿈에서 시작한다. 성근 눈이 내리는 벌판에 수천 그루의 검은 통나무가 심겨 있고, 그 뒤편 무덤의 봉분마다 바닷물이 밀려드는 꿈이다. 뼈들이 쓸려가 버리기 전에 서둘러 옮겨야 한다는 다급함을 느낀다. 한강이 실제로 꾼 이 꿈은 『작별하지 않는다』의 서두가 되었고, 눈과 고통의 이미지를 통해 『흰』과도 맞닿는다. 『흰』의 일부는 나치에 저항해 봉기를 일으켰던 도시 폴란드 바르샤바에서 쓰였다. 1944년 히틀러가 모든 수단을 동원해 "이 도시를 쓸어버려라" 명령했던 바르샤바의 역사는, 제주 4·3의 역사와 겹쳐진다. 이렇게 한강의 소설은 광주(『소년이 온다』)-바르샤바(『흰』)-제주(『작별하지 않는다』)로 이어지며 국가폭력, 학살, 기억의 문제를 탐구한다.

한강의 작품은 죽음과 삶의 경계를 잇는다. 자신의 삶과 몸의 감각을 빌려주는 방식으로 목소리 없는 혼들에게 목소리를 부여한다. 『소년이 온다』에서 정대가, 『흰』에서 언니가 되살아난다. 『작별하지 않는다』에서 경하와 인선은 죽음과 삶이 맞닿는 경계에서 다시 살아난다. 소설 속 되살림은 단순한 부활이 아니라, 목소리를 주고 존재를 기억하는 행위다. 한강의 문학은 꾸준히 물어왔다. 죽음에서 삶으로 어떻게 건너갈 수 있는지. '현재가 과거를 도울 수 있는가? 과거가 현재를 도울 수 있는가?' 한강의 소설을 이끌어가는 질문이다.

작품은 3부로 구성된다. 1부 「새」는 경하가 서울에서 제주 중산간에 있는 인선의 집으로, 한 마리 새를 구하기 위해 폭설을 뚫고 찾아가는 여정이다. 2부 「밤」은 경하와 인선이 1948년 겨울, 제주도에서 벌어진 민간인 학살의 시간 속으로 내려간다. 3부 「불꽃」에서 그들은 바다 아래서 촛불을 주고받으며 서로를 밝힌다. 『작별하지 않는다』의 최초의 제목이었던 "새가 돌아온 밤"처럼, 새는 생명을 구하려는 행동, 밤은 역사의 어둠, 불꽃은 어둠 속에서 이어지는 연대와 사랑으로 읽힌다. 이야기의 초점은 경하에서 인선으로, 다시 인선의 엄마 정심으로 이동한다. 학살을 경험한 정심의 고통을 이어받은 인선은, 학살에 관한 소설을 쓴 경하의 꿈을 영상으로 옮기는 작업을 한다. 그것이 곧 '작별하지 않는다'라는 이름의 예술적 행위가 된다.

폴란드 언론이 가장 주목한 것은 이 작품이 "역사적 책무와 기억의 무게를 다룬다"는 점이다. 역사적 트라우마에 매몰되지 않고, 죽은 과거를 어떤 언어로 다시 이야기하며 대화를 이어갈 수 있을 것인가? 이는 20세기 전쟁과 폭력을 겪은 공동체가 공유하는 질문이다. 『작별하지 않는다』는 이야기의 장을 마련하고, 그 장을 세계의 장으로 확장한다. 세계문학의 맥락 속에서 인류가 역사적 트라우마를 어떻게 기억하고 말할 수 있는지를 보여준다. 죽음과 삶을 실로 잇듯, 어둠을 통과해 빛으로 향하는 길을 보여준다. 그 빛의 길 위에 『작별하지 않는다』가 있다. ➤

—김성민

잠들지 못하는 영혼을 위한 노래

제주4·3평화기념관 앞에는 『작별하지 않는다』 표지와 함께 한강의 노벨문학상 수상을 축하하는 현수막이 걸려 있었다. 방문객을 환영하듯 4월의 제주 날씨는 화창하고 바람은 온화했다. 기념관에서 만난 전시 해설사는 한강의 노벨문학상 수상 이후 『작별하지 않는다』를 읽고 이곳을 찾는 방문객이 월등히 늘었다며 웃어 보였다. 우리 일행도 다르지 않았다. '한강 읽기' 모임에서 『작별하지 않는다』를 읽고 4·3을 다시 기억하는 의미에서 제주로 문학 기행을 떠난 것이다.

기념관은 짜임새 있게 구성되어 4·3 역사를 기억하고 제주도민의 삶을 추념하기에 부족함이 없었다. 그중, 제주4·3평화공원에 있는 조각상 '비설' 앞에서 쉽게 발걸음을 뗄 수 없었다. 조각상을 보려면 돌담길을 지나야 했다. 달팽이 껍데기처럼 둥글게 말린 길이다. 돌담 사이로 난 둥근 길을 한 바퀴 반 정도 걸으면 조각상에 가까이 닿을 수 있다. 돌담으로 에워싸인 조각상은 이렇게 말하는 듯했다. '비설'의 시작은 바로 그 돌담길부터라고.

돌담에 새겨진 "웡이자랑 웡이자랑 / 우리 아기 재와줍서" 노랫말이 자장가의 선율로 되살아나듯 흘러나왔다. 자장가를 부르는 여인의 담담하고도 느릿한 목소리가 귓가에 스며들면서 마음 한구석이 숙연해졌다. 단순하고 반복적인 선율이 마음을 고요히 흔들었다. 지대가 조금씩 낮아지고 돌담길이 끝나는 곳에 조각상이 나타났다. 눈밭을 표현한 원형판 위에, 몸을 웅크린 여인의 청동상이 놓여 있었다. '비설'이었다.

비설^{飛雪}의 뜻을 사전에서 찾으면 '바람에 흩날리며 내리는 눈'이다. 웅크린 여자와 그 품에 안긴 아이의 시간은 눈발 속에 멈춰 있다. 아이의 얼굴은 엄마의 품에 파묻혀 보이지 않는다. 어린 딸을 지켜내려는 간절함이 한껏 웅크린 몸짓에 배어 있다. 얼어붙은 두 사람의 마지막 순간을 재현해 놓은 조각상은 보는 이의 마음을 크게 울린다. 앞서 들은 자장가가 비설의 전주곡처럼 감정을 이미 고조시켰기 때문이다. 눈밭에 선명하게 찍힌 맨발의 발자국은 마음을 저리게 한다. 먹먹함을 안고 묻게 된다. 왜 스물다섯 엄마는 군경에 쫓기며 두 살 젖먹이를 안고 눈밭을 맨발로 헤치며 나아가야 했을까.

1948년 4월 3일, 남한 단독정부 수립에 반대해 봉기를 주도한 이들은 수백 명에 지나지 않았다. 그러나 연루되지 않은 평범한 민간인들이 토벌의 대상이 되어 3만 명 가까이 희생되었다. 그 가운데 3분의 1은 노인, 여성, 어린아이였다. 그해 11월, 제주 전역에 계엄령이 선포되면서 중산간 마을은 불타 폐허가 되었다. 강경 진압은 이듬해 3월까지 이어졌고, 참혹한 겨울의 한복판에서 눈발 흩날리는 계절에 무고한 모녀가 눈더미 속에서 발견되었다. 눈 속에서 차갑게 식어갔을 모녀의 몸이 비설이라는 이름의 묘비가 되었다. 비설飛雪을 슬픈 눈悲雪으로 읽어도 무방하다. 편안히 잠들지 못했을 그들의 안식을 빈다. "웡이자랑 웡이자랑 / 우리 아기 재와 줍서" 자장가는 두 모녀가 이제는 편안히 잠들기를 바라는 기도이다.

『작별하지 않는다』에도 비설이 있다. 바람에 흩날리며 내리는 눈이 있고 눈밭에서 희생된 사람들이 있다. 소설은 비설 속 모녀가 발견되었던 그해 겨울을 조명한다. 소설에는 하염없이 눈이 내린다. 돌담길을 걸어 비설에 다가갔던 것처럼, 독자는 눈에 대한 다양한 묘사를 읽으며 눈이 오는 시공간 속으로 이동한다. "바람과 해류, 전 세계를 잇는 물과 바람의 순환, 우리는 연결되어 있다" 한강은 소설을 쓰는 동안 이 문장을 노트에 적었고 훗날 노벨문학상 강연 〈빛과 실〉에서 언급한다. 물과 바람이 순환한다면 지금 내리는 눈은 칠십 년 전, 제주 섬의 학교 운동장에서 아이들과 여자들과 노인들의 얼굴에 덮인 눈이 아니란 법이 없는 것이다. 과거의 기억을 불러오는 매개인 눈은 과거와 현재를 연결한다. 우리가 연결되어 있다는 감각이 『작별하지 않는다』에 흐른다.

비설의 모녀상 앞에서, 가족을 찾아 눈밭을 헤맸을 어린 정심이 겹쳐 보인다. 인선의 엄마 정심은 중산간 마을이 불타 폐허가 되던 그해 겨울 사랑하는 가족을 잃었다. 눈이 내리면 학교 운동장을 헤매며 다녔던 생각이 난다. 그때 알게 된다. 죽은 사람 위에 내린 눈은 녹지 않는다는 것을. 악몽에 시달리는 정심은 실톱을 깔고 누워 이를 갈며 "구해줍서, 구해줍서" 운다. 인선은 그런 정심을 부둥켜안는 심정이 되어 엄마가 감내한 과거를 생각했을 것이다. 인선은 엄마 정심을 인터뷰하며 봉인된 기억을 꺼낸다. 낙인이 두려워 침묵해야 했던 시절, 유해조차 수습할 수 없었다. 인선은 마치 엄마에게 자신의 목소리를 빌려주듯 정심의 모습을 영상에 담는다.

한강은 장편소설을 쓰는 동안 소설과 산다고 말했다. 그래서일까. 소설 속에서 작가의 그림자를 어렵지 않게 발견한다. 소설 속 인물들에 작가의 모습이 투영되어 있다. 작가는 자신이 이 소설을 어떤 마음으로 썼는지 숨기지 않는다. 쓰면서 힘들었다고, 솔직하게 고백한다. 작가의 고투는 꿈으로 나타난다. 『작별하지 않는다』의 시작이자 소설을 이끌고 가는 중심에 경하가 꾸는 검은 나무 꿈이 있다. 성근 눈이 내리는 벌판에 무덤 봉분 같은 검은 나무가 심겨 있고 바닷물이 밀려오는 꿈이다. 꿈속에서 뼈를 수습해야 한다는 책임감을 느낀다. 꿈이지만 생시보다 생생하다.

경하는 다큐멘터리 감독인 인선에게 검은 나무 꿈을 영상화하는 작업을 제안한다. 나무의 몸에 먹을 입히고 바다 대신 흰 천 같은 눈이 내려와 그들을 덮어주는 영상을 찍는 것이다. 실제로 한강은 2018년 『작별하지 않는다』와 같은 제목으로 영상을 찍었다. 상처를 치유하는 거즈를 흰 천으로 사용하여 상대방과 맞잡고 한라산에서 천천히 내려오는 영상이다. 잠들지 못한 영혼을 달래는 의식처럼 보이는 작업이다.

하지만 소설에서는 경하가 제안한 작업이 잘 진척되지 않는다. 포기하려는 경하와 달리 인선은 홀로 작업을 이어나간다. 그러다가 그만 손가락이 절단되는 사고를 당한다. 신경이 죽지 않도록 절단된 부위가 3분에 한 번씩 찔리는 고통을 경험하게 된 인선은 경하의 소설에서 읽은 학살당한 사람을 떠올린다. '얼마나 아팠을까?' 살기 위해 통증을 감수하는 것은 고통당하는 누군가를 기억하라는 주문 같다.

병원에 꼼짝없이 있어야 하는 인선은 경하에게 부탁한다. 제주 집에 가서 새를 돌봐달라는 요청이다. 그렇게 떠밀리

듯 경하는 인선의 집이 있는 제주로 향한다. 제주에는 앞이 보이지 않을 만큼 눈이 쏟아진다. 인선의 집으로 가는 길은 목숨을 위협할 만큼 험난했다. 이렇게 목숨 걸고 갈 만큼 새를 사랑하지 않는데? 스스로 의문하면서 고통스럽게 간다. 눈밭에 미끄러진 경하는 이대로 그만 눈을 감아버리고 싶지만, 경하를 다시 일으키는 것은 새에 대한 책임감이다. 인선의 집에 힘겹게 도착하지만, 새는 이미 죽어 있다. 새를 들어 올려 새것 같은 손수건에 감싸고 상자에 담아 매듭을 짓고 집 밖에 상자를 묻는다. 새를 묻는 과정은 죽은 영혼을 달래기 위한 장례를 치르는 것처럼 정성스럽다. 경하에게 새를 땅에 묻는 시간은 나와 전혀 상관없던 생명체가 의미 있게 연결되는 순간이다.

새를 구하러 인선의 집에 온 경하는 그제야 인선의 가족사를 알게 된다. 무엇보다 인선의 엄마 정심을. 정심은 돌아오지 않는 오빠의 유해를 찾아 대구형무소로, 경산 코발트 광산으로 그의 마지막이었을 장소를 향해 발걸음을 멈추지 않는다. 뼛조각 하나라도 찾겠다는 의지로 사랑하는 사람의 장례를 치르고자 싸워온 사람이다. 잊고 싶어도 잊을 수 없는 기억을 안고 끝까지 포기하지 않는 사람이다. 고통인 줄

알면서 그 기억으로 갈 수밖에 없는 것이 사랑이라면 사랑은 얼마나 큰 고통인가.

사랑하는 대상의 죽음보다 더 슬픈 것은 그의 장례를 치르지 못하는 아픔이다. 온전히 떠나보내지 못한 채 살아가는 일이다. 정심처럼 사랑하는 가족의 뼛조각 하나 찾지 못해 장례를 치르지 못한 수많은 정심'들'이 있다. 등신대 크기의 검은 나무를 세우고 눈처럼 흰 천을 덮는 일은, 장례를 치르지 못한 이들을 위한 상징적 장례였다. 학살로 가족을 잃고, 유해조차 찾지 못해 애도를 빼앗긴 이들을 위한 의식이었다. 정성을 다하는 애도는 종결이 아니라 사랑의 방식이다.

경하는 비로소 인선과의 프로젝트에 이름을 붙일 수 있다. "작별하지 않는다" 경하를 변화시킨 힘은 인선을 통해 전해진 사랑일까? "내가 있잖아"라고 말해주는 인선이 있기에 경하는 세상과 '작별'하려던 마음에서 '작별하지 않는다'로 나아간다. 갱생. '되살기'는 한강의 소설에서 반복되는 화두다. 『여수의 사랑』에서 정선에게 자흔이 있었고, 『검은 사슴』에서 인영에게 의선이 있었으며, 『바람이 분다, 가라』에서 정희에게 인주가 있었다.『작별하지 않는다』에서는 경하에게 인선이 있었다. 그래서 가능했던 '되삶'이다. 한강의 소설은 어둠을 통과해 빛으로, 죽음을 지나 삶으로 향한다. 그것은 결국 다시 살고자 하는 마음이다.

'작별하지 않는다'를 이렇게 바꿔 말할 수 있겠다. '사랑은 포기하지 않는다'라고. 포기하지 않는 인선의 마음은 엄마 정심에게 왔다. 정심이 지닌 사랑하는 대상을 향한 지극한 마음이 인선을 안아준 순간이 있었다. "얼마나 사랑해야 우리는 끝내 인간으로 남는 것인가?" 한강의 질문을 다시 떠올린다. 경하와 인선이 만들어가는 "작별하지 않는다" 영상에 선율이 흐른다면, 그것은 자장가다. 고요하고 꿈결 같은 자장가가 바람에 흩날리는 눈처럼 잠들지 못하는 영혼 위에 내려앉는다.

비설을 보기 위해 돌담길을 통과하고, 정심에게 닿기 위해 경하는 폭설을 통과해야 한다. 그것은 마치 진실에 닿기 위해 치러야 하는 의식처럼 보인다. 제주 문학 기행은『작별하지 않는다』가 품고 있는 질문에 닿기 위한 여정이었다. 소설은 고통을 감각하게 한다. 바늘로 찌르는 듯한 통증을 끊임

없이 감각하게 하는 것. 그 생생하고도 구체적인 실감이 바로 소설의 역할 아닐까. 나와 무관한 과거의 역사가 아니라 지금까지도 전해지는 고통. 흐르는 전류처럼 우리가 느낄 때, 그 역사는 죽지 않고 사람들의 기억 속에 살아갈 수 있다.

제주에 머무는 동안 날씨는 눈부시게 아름다웠다. 제주의 청량한 바람에 실린 공기를 마시며 풍경을 눈에 담았다. 한강식의 연결법으로 말하면, 제주에서 만난 자연은 70년 전 그때의 자연과 다르지 않다. 제주가 아름다움으로 감싸고 있는 고통의 얼굴이 드러난다. 소설을 읽은 뒤 마주한 제주의 풍경은 더 이상 예전과 같지 않다. 한강의 질문—세상은 왜 이토록 고통스럽고 폭력적이며, 동시에 세상은 어떻게 이토록 아름다운가—을 몸으로 체험하는 시간이었다. 고통과 아름다움이 어떻게 공존할 수 있는가. 그 둘 사이에 포기하지 않는 사랑이 있다. 고통이 사랑의 증거라면 사랑은 그 고통을 감수하는 일이다. 감수하는 사랑은 아프지만 아름답다. 작별하지 않는 사랑이 아름다운 것처럼.

—김성민

제주4·3평화공원

제주시 봉개동, 바람과 하늘이 맞닿은 언덕에 제주4·3평화공원이 있다. 1948년 4·3사건으로 스러져간 이들을 기리고, 그날의 진실을 후대에 전하기 위해 조성된 국가추념시설이다.

공원 안에는 위령탑이 서 있고, 위패봉안실에는 14,000여 명의 희생자 이름이 모셔져 있다. 추모광장과 전시관을 따라 걷다 보면, 단순한 기념을 넘어 한국 현대사의 국가 폭력과 민간인 희생을 깊이 성찰하게 된다. 이곳은 애도의 공간이자, 화해와 평화를 지향하는 다짐의 장소다.

넓게 펼쳐진 초원과 끝없이 부는 바람, 드높은 하늘이 어우러진 풍경은 한없이 평화롭다. 그러나 그 아름다움은 곧 무고한 죽음을 떠올리게 하는 장엄한 침묵과 겹쳐진다. 방문객은 이 침묵 속에서 발걸음을 멈추고, 우리가 기억해야 할 이름들을 마음속에 새기게 된다.

그리고 이 기억은 한강의 소설 『작별하지 않는다』로 이어진다. 소설 속에서 제주4·3의 희생자와 남겨진 자들이 겪는 고통은 단절된 과거가 아니라 지금도 우리 곁에서 살아 있는 목소리임을 일깨운다. 평화공원의 바람과 하늘은, 결코 끝내 말할 수 없는 이별 대신, "작별하지 않는다"는 다짐으로 우리를 이끈다.

제주4·3의 기억을 품은 조각, 비설

'비설飛雪'은 "바람에 흩날리며 내리는 눈"이라는 뜻을 지닌 이름이다. 1949년 1월, 눈 덮인 오름을 맨발로 달아나다 총에 맞아 숨진 스물다섯 살의 어머니와 두 살 난 아이를 형상화한 작품이다. 눈더미 속에서도 아이를 끝내 품고 있던 어머니의 절박한 품은, 조각상 위에 차갑고도 영원한 시간으로 멈추어 있다. 흰 대리석 원형 판 위에 앉아 있는 청동상은 마치 묘비처럼 서서, 봄날의 꽃이 아닌 겨울날의 눈발 속에 스러진 모녀의 죽음을 기억하게 한다.

Tip. 제주4·3평화공원 찾아가는 방법
- 위치: 제주특별자치도 제주시 봉개동(명림로 430), 제주4·3평화공원
- 자가용: 제주시청에서 약 25분(13km), 성산일출봉에서 약 50분(40km)
- 대중교통: 제주공항 → 43-1 버스 이용 → 「4·3평화공원 입구」 정류장 하차 후 도보 약 10분
- 이용 시간: 매일 09:00~18:00(입장은 17:00까지)

Tip. 비설 관람 길

조각상에 다다르기 위해서는 돌담으로 둘러싸인 길을 지나야 한다. 달팽이 껍데기처럼 둥글게 에워싼 그 길을 따라 내려가면, 잔잔한 자장가 소리가 들려온다. 제주 전통 민요 자장가는 발걸음을 재촉하기보다는 한 걸음 한 걸음 서럽게 멈추게 한다. 노랫소리에 이끌려 걷다 보면, 흰 눈을 상징하는 원형의 대리석 판과 그 위에 웅크린 모녀 조각상이 모습을 드러낸다.

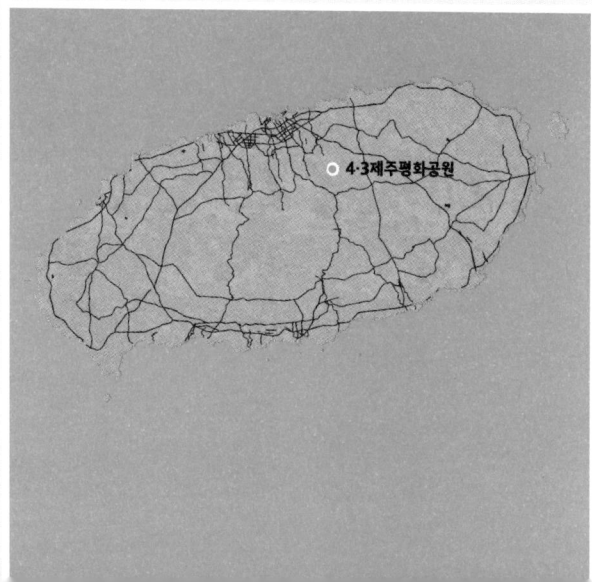

나가며

우리들의 정원

『빛과 실』을 읽으며 한강 작가의 일상을 엿볼 수 있었다. 15평 대지의 집에서 열 평은 작가가 살고, 네 평 남짓한 정원에는 미스김라일락, 불두화, 호스타, 옥잠화, 맥문동, 단풍나무 등이 산다. 북향 정원이어서 부족한 햇빛은 탁상 거울로 붙잡아 비춘다. 세 개로 시작한 거울의 숫자는 식솔이 늘며 여덟 개까지 늘었다. 모든 나무에 골고루 빛을 쬐어주기 위해 15분마다 거울의 위치와 각도를 조절하는 수고는 작가의 몫이다.

한강 작가의 소설에는 빛이 들지 않는 담장 아래 식물 같은 사람들이 나온다. 세상에 무해한 존재들, 그러나 스스로 바로 서기엔 연약한 존재들. 작가는 그들에게 빛을 쬐어주고, 그들을 일으켜 세워주는 사람이다. 어둠 가운데에 있는 존재들을 향한 지극한 사랑을 정원 일기를 읽으며 확인할 수 있었다. 그리고 정원을 통해 이어진 실을 발견한 기쁨이 있었다.

우리 집 정원엔 내가 애지중지하는 꽃이 있다. 바로 시계꽃이다. 두 번의 실패 뒤에 활착한 시계꽃은 초여름부터 지금까지 부지런히 제 몫의 순환을 하며 꽃을 피우고 있다. 패션 푸르트라고 불리는 꽃은 덩굴성으로 호박처럼 기세 좋게 여기저기로 뻗는다. 얼마나 번식력이 좋고 성장이 빠른지 펜스를 벗어나 데크의 틈 사이로도 비집고 나온다. 패션 푸르트, 이름만 보면 열대의 과일이라도 열릴 것 같지만, 꽃의 이름은 꽃의 모양 때문에 붙여졌다. 꽃이 시계의 문자판 모양을 하고 있고, 꽃 안에 십자가 문양이 있어 그리스도의 수난을 연상케 한다.

나에게 시계꽃은 하루하루 새롭게 피어나는 시간의 꽃이기도 하다. 아침에는 꽃이 하나도 없다가, 소일하다 문득 쳐다 보면 하나둘씩 피기 시작한다. 밖에 나갔다 돌아오면 "수고했어요. 오늘도 시간의 꽃을 피우셨나요?"라고 묻는 듯도 하다. 허락된 하루가 얼마나 소중한지 시계꽃을 보며 되새기곤 한다. 비록 과실을 딸 수 없지만, 시계꽃은 튼실한 시간의 열매를 안겨준다.

꽃무릇 피는 계절이 되었다. 책을 만들기로 작당한 뒤로 여름이 지났고 가을이 도착했다. 1월부터 4월까지 한강의 작품을 읽고, 우리는 함께, 또 따로따로 여행했다. 소설이 이끄는 곳으로 가서 지나온 길을 되돌아보았고, 기억 저편에 밀쳐두었던 이야기를 꺼내 적었다. 읽고 쓰는 일이 오롯이 혼자의 몫인 것 같지만, 그게 아니라는 것도 알았다. 우리는 함께 썼고, 서로가 쓴 글을 찬찬히 읽어주었고, 서로의 언어를 소중하게 다루었다.

초고를 다 읽었을 때 내 앞에 아름다운 정원이 펼쳐진 듯했다. 성질이 다른 토양에서 저마다의 빛깔로 피어난 글꽃이 가득한 정원 말이다. 빛깔도 향기도 다르지만, 함께 어우러져 조화로운 글 정원이 만들어진 것 같아 얼굴에도 웃음꽃이 피었다. 저자 가운데에는 출간 경험이 있는 작가도 있고, 순수한 독자의 자리에서 읽는 행위를 예찬하거나, 언젠가 쓰게 되길 동경하는 사람도 있다. 경험의 유무와 쓰기에 대한 무게의 경중을 떠나 우리는 나를 비추는 거울 하나를 가지게 되었다. 오롯이 자신과 마주하였고 이렇게 한 권의 책으로 엮어 시간의 꽃을 피워냈다.

책 한 권이 나오기까지 편집, 디자인, 교정·교열, 인쇄·제책 등 여러 분이 함께 애써주신다는 것을 알았다. 이 자리를 빌려 감사 인사를 드린다. 그리고 이 책을 끝까지 읽어주신 독자에게도 무한한 감사를 드린다. 부디 당신들의 정원에 빛이 충분하길, 당신들의 시간에 꽃이 피고 열매가 열리길….

—오교희

한강 작가 연보

- 1970년 11월 27일, 전라남도 광주에서 소설가 한승원의 딸(2남 1녀 중 둘째)로 태어남.
- 1980년 1월, 가족과 함께 서울 수유리로 이사. 그 뒤 5월에 5·18광주민주화운동이 일어남.
- 1982년 2월, 서울 백운초등학교 졸업.
- 1984년 임철우의 단편소설 「사평역」을 읽고 소설을 쓰고 싶다는 생각을 함.
- 1985년 2월, 신경여자중학교 졸업.
- 1988년 2월, 풍문여자고등학교 졸업.
- 1989년 3월, 연세대학교 국어국문학과 입학.
- 1992년 가을, 시 「편지」로 연세문화상 수상.
- 1993년 대학 졸업과 함께 샘터사에서 근무. 계간지 《문학과 사회》 겨울호에 「얼음꽃」 외 4편의 시를 발표하며 시인으로 등단.
- 1994년 1월, 단편 「붉은 닻」으로 서울신문 신춘문예에 당선되며 소설가로 등단. 이어서 중단편 「진달래능선」, 「질주」, 「야간열차」, 「여수의 사랑」 차례로 발표.
- 1995년 단편 「어둠의사육제」 발표. 7월, 첫 소설집 『여수의 사랑』 출간. 겨울 초입 장편을 쓰기 위해서 직장 그만둠.
- 1996년 봄과 여름에 단편 「철길을 흐르는 강」 「흰 꽃」 발표. 12월 결혼.
- 1997년 봄, 단편 「내 여자의 열매」 발표.
- 1998년 8월, 첫 장편소설 『검은 사슴』 출간. 단편 「어느 날 그는」 발표. 9월~11월, 미국 아이오와대학교에서 주최하는 국제 창작프로그램 참가.
- 1999년 여름, 단편 「해질녘에 개들은 어떤 기분일까」와 중편 「아기

부처」 발표. 11월, 「아기 부처」로 한국 소설문학상 수상. 겨울, 단편 「아홉 개의 이야기」 발표.

- 2000년 3월, 두 번째 소설집 『내 여자의 열매』 출간. 봄, 단편 「붉은 꽃 속에서」 발표. 여름, 자전소설 「침묵」 발표. 아들 효 낳음. 가을, 입원한 병실에서 '오늘의 젊은 작가상' 수상 소식 들음.
- 2002년 1월, 두 번째 장편소설 『그대의 차가운 손』 출간. 3월에 첫 동화 『내 이름은 태양꽃』 출간.
- 2003년 봄, 단편 「노랑무늬영원」 발표. 8월, 미국 아이오와에서의 경험을 담은 산문집 『사랑과 사랑을 둘러싼 것들』 출간. 그림소설 『붉은 꽃 이야기』와 소설집 『노랑무늬영원』 출간.
- 2005년 1월, 중편소설 「몽고반점」(후에 『채식주의자』에 두 번째 연작소설로 실림)으로 이상문학상 수상. 10월, 프랑크푸르트국제 도서전 참가 및 라디오방송 〈문장의 소리〉(~2006년 5월) 진행.
- 2006년 8월, 단편 「파란 돌」 발표. 가을, 「왼손」 발표.
- 2007년 1월, 산문집 『가만가만 부르는 노래』 출간. 2월, 그림책 『천둥 꼬마 선녀 번개 꼬마 선녀』 출간. 10월, 연작소설집 『채식주의자』 출간. 서울예술대학 문예창작과 교수 임용.
- 2008년 동화책 『눈물상자』 출간.
- 2009년 1월, 용산참사 발생, 광주가 배경인 소설을 쓰겠다고 생각. 선집 『아버지, 그리운 당신』에 「아버지가 지금, 책상 앞에 앉아 계신다」 수록. 겨울, 단편 「훈자」 발표.
- 2010년 2월, 네 번째 장편소설 『바람이 분다, 가라』 출간. 가을에 『바람이 분다, 가라』로 동리문학상 수상. 원작영화 〈채식주의자〉 개봉.
- 2011년 봄, 단편 「회복하는 인간」과 산문 「기억의 바깥」 발표. 11월, 장편소설 『희랍어 시간』 출간, 「아기 부처」가 원작인 영화 〈흉터〉 개봉.
- 2012년 봄, 단편 「에우로파」 발표. 여름, 단편 「밝아지기 전에」 발

표. 8월, 논문 「이상의 회화와 문학세계」로 석사 학위. 10월, 세 번째 소설집 『노랑무늬영원』 출간. 12월, 광주 망월동 묘지 방문, 광주 이야기를 쓰기로 결심.

- 2013년 9월, 최인호 작가 작고로 추모하는 글 〈아름다운 것에 대하여—최인호 선생님 영전에〉, 《문학동네》 기고. 11월, 첫 시집 『서랍에 저녁을 넣어 두었다』 출간.
- 2014년 5월, 장편소설 『소년이 온다』 출간. 8월, 『소년이 온다』로 만해문학상 수상. 아들 효와 함께 바르샤바 방문. 데보라 스미스와 대산문화재단과 연결되면서 『채식주의자』 번역 출간의 길이 열림.
- 2015년 1월, 데보라 스미스의 번역으로 영역판 『The Vegetarian』 출간. 단편 「눈 한 송이가 녹는 동안」 발표 및 황순원문학상 수상.
- 2016년 4월, 장편소설 『흰』 출간. 『채식주의자』로 부커 인터내셔널상 수상. 6월, 미술가 차미혜와 2인전 《소실, 점》 개최.
- 2017년 10월, 『소년이 온다』로 이탈리아 말라파르테 문학상 수상. 2학기 수업을 끝으로 서울예대 교수 사임. 겨울, 단편 「작별」 발표.
- 2018년 『채식주의자』로 스페인 산클레멘테 문학상 수상. 단편 「작별」로 김유정문학상 수상. 서울 양재천 부근에서 독립서점 '책방오늘' 운영 시작.
- 2019년 5월, 노르웨이의 '퓨처 라이브러리' 프로젝트 참여. 11월 『소년이 온다』를 원작으로 한 연극 〈휴먼 푸가(고통을 기억하는 방식)〉 공연.
- 2021년 9월, 장편소설 『작별하지 않는다』 출간.
- 2022년 『작별하지 않는다』로 대산문학상 김만중문학상 수상.
- 2023년 6월, 『디 에센셜-한강』 출간. 7월, '책방오늘' 서촌으로 옮김. 『작별하지 않는다』로 프랑스 메디치 외국문학상 수상.
- 2024년 10월 10일, 노벨문학상 수상자로 한강 작가 선정. 12월 10일, 노벨문학상 시상식 열림.
- 2025년 산문집 『빛과 실』 출간.

- 이희숙, 「그대의 차가운 손」에 실린 《론 뮤익》전, 국립현대미술관 서울관 현대 조각 사진 제공
- 송무아, 「소년이 온다」에 실린 사진 제공
- 그 외 사진은 해당 작품리뷰를 쓴 저자가 찍은 것임

잇다 01
한강 문학 기행

1판 1쇄 인쇄	2025년 10월 10일
1판 1쇄 발행	2015년 10월 25일
지은이	정원선 김성민 오교희 홍현희 신영미 김원자 민윤경 강효진 장자순 류경림
펴낸이	김원자
펴낸곳	구름의시간
기획·편집	김원자
디자인	우주상자
인쇄·제책	㈜성신미디어
등록	2021년 11월 11일
모바일팩스	050-8952-7472
이메일	cloudtime2022@naver.com

이 책의 일부 또는 전부를 재사용하려면 반드시 저작권자와
구름의시간 양측의 동의를 얻어야 합니다.
책값은 뒤표지에 있습니다.

ISBN   979-11-995002-0-4 (03810)